戦国合戦のリアル

鈴木眞哉

PHP文庫

JN119879

○本表紙図柄＝ロゼッタ・ストーン（大英博物館蔵）
○本表紙デザイン＋紋章＝上田晃郷

まえがき

戦国時代の歴史に何十年も取り組んできたが、いまだによくわからないことがたくさんある。私が関心を持っている軍事史関係の分野に限ってみても、こんなことがまだわからないのかというような問題がいくらもころがっている。

戦国時代というのは、多数説では、応仁文明《おうにんぶんめい》の乱（一四六七〜七七）から始まったということになっているが、終わりについては諸説ある。だが、軍事史的な観点からすれば、「元和偃武《げんなえんぶ》」（偃武＝武器を伏せる＝戦いをやめる）と昔からいわれている大坂城の落城（一六一五）まで続いたと考えてよいだろう。そうだとすれば、約百五十年の長きに及んだことになる。

その間のこととして話題になることが多いのは、この時代の後半に現れた織田信長、豊臣秀吉、徳川家康という三人の天下人あるいは武田信玄、上杉謙信、伊達政宗といった人たちに関わるような事柄である。

それらについて書かれたものは、専門家といわれる人たちの手になるものを含めて車に積んでも積みきれないほどあるし、大河ドラマに代表される歴史ドラマやテレビの歴史番組で取り上げられることもきわめて多い。

だから、その間のことならなんでもわかっているような気分になってしまうが、実はそうではない。一般には自明のことのように扱われていながら、いまだに解明されていないようなことがいくらもある。

たとえば、織田信長については、徒歩の鉄砲兵を主体とした新しい軍隊をつくって新時代を切り開いたようにいっている人が大勢いる。そうしたことは学校でも教えているようだし、歴史事典の類《たぐい》にも書いてある。

だから、普通の人がそれを〈歴史常識〉のようにとらえたって不思議はないが、実は、信長の軍隊にどのくらいの比率で鉄砲兵がいたのかを明らかにした人は、これまでのところ誰もいない。鉄砲兵をどう集めて、どう訓練していたかといったことについても同様である。他の諸侯や集団については、そうしたことがある程度見当のつくケースもあるが、肝心《かんじん》の信長のほうがこれでは、信長が他に先駆けて鉄砲兵主体の斬新《ざんしん》な軍隊をつくったとは断定できないだろう。

これはほんの一例だが、こんな大きな問題だってその程度なのだから、もっと細かい問題については推《お》して知るべしだろう。私などは、根が疑い深いせいなのか、何十年もの間にそうした問題を山ほど抱え込んでしまったが、世の中には、私などより素直な方が多いとみえて、疑問が疑問とされることもなく通ってしまっている例が多い。今挙げた信長の鉄砲兵などは、その典型である。

もっとも、私が疑問とするものの中には、すでに答えらしいものが出ているケースもある。だが、それがどうも納得《なっとく》できないとか、答えがいろいろあるので、どれを採用したらよいかわかりかねるものも少なくない。また、私なりに答えを見つけたものもあるが、他人《ひと》さまにはわかってもらえないようなケースもある。

この本では、そういった課題をできるだけ広く拾い出し、どこにどういう問題があるのか、それはどの程度取り上げられているのか、取り上げられたものについては、どこまで解明されているのかといったことを論ずることによって、リアルな戦国合戦像に迫ってみたい。

私自身もよくわかっていないことまで、あえて取り上げようというのだから、鮮やかな解答を期待していただいても困るが、どの問題のどこがどういう具合にわからないのか、あるいはわかってもらえないのか、どこまでなら解明されているのかといったことはお示しできる。それらを踏まえて、皆さんも一緒に考えていただけるとありがたいと思う。〝そんなことは自分には、すべてわかっている〟という方が出てきてくだされば、なおさら嬉しいのだが、果たしておられるだろうか。

最後にお断りしておきたいが、この本の性質上、多くの文献、史料を引用している。それらについては、逐一注記することなく、読み下しとしたり、漢字・仮名遣いを現行の形に改めたり、ルビを振ったりした場合がある。また、欧米の文献などを引用した場合には、【 】という形で、とりあえず訳名を付しておいた。

戦国合戦のリアル　目次

第二章　兵種の区分はどうなっていたか

第三章　兵士の装備はどうなっていたか

第四章　士卒はどう集められ、どう訓練されたか

第五章　戦国人は、どのように戦っていたのか

第六章　士卒の功名は、どう扱われていたか

第七章　武器と人的損害の問題を、どうとらえるか

第一章

戦国時代の軍隊は、どのように組み立てられていたのか

一　当時の軍隊の組織や構成のあり方──武田信玄の軍隊を例に考えてみる

素通りされてきた軍隊の成り立ち

戦国合戦の実像はどういうものだったのかを考えてみようというのが、この本のメインテーマなのだから、そもそもそれを戦った戦国の軍隊というのはどういうもので、どんな具合に組み立てられていたのかということは、〝一丁目一番地〟であるはずである。ところが、それがわからないことだらけなのだ。

「まえがき」でいったように、戦国時代というのは、応仁文明《おうにんぶんめい》の乱から始まったというのが多数説である。そのとき、東軍一六万一五〇〇余り、西軍一〇万六〇〇〇余りが京都に集まったとされている。本当にそんなにいたかどうかは保証の限りではないが、大将分の名前などは伝わっているから、彼らがそれぞれ相当な人数を引き連れてやってきたことは間違いあるまい。だが、彼らの部隊がどんな具合に組織され、編成されていたかといったことは、ほとんどわからない。

始まりはそうであったとしても戦国時代も先へ進めば違うだろう、戦国大名といわれるような連中が出てきて、体制も固まってくれれば、そういうことも明らかになってくるだろうと考えたくなるが、それがそうでもない。

また後で詳しく説明することになるだろうが、群雄に先駆けて〈進んだ〉軍隊をつくったとされる織田信長の家だって、たしかなところはわからなくて、もしかするとドンブリ勘定《かんじょう》でやっていたのではあるまいかといわれる有様なのだ。

そんな話をしていても、おわかりになりにくいだろうから、とりあえず武田信玄の軍隊を具体例として、戦国最盛期の状況について、問題を提起させていただこう。なぜ信玄を選んだかというと、彼は、早くから〈戦争の神様〉のように考えられていたし、彼の残した軍法と称するものが後々まで軍学のテクストとされたくらいだから、まあ、最適だろうと考えられるからである。

信玄は、生涯に一〇〇くらいの戦いに関わっているが、ここでは最後の作戦となった元亀《げんき》三年（一五七二）に本国の甲斐《かい》（山梨県）を出て西へ向かった軍事行動を素材として取り上げてみる。この作戦は、信玄が上洛《じょうらく》をめざしたものだったのかどうかが、いまだに議論のタネになっているものだが、そのことには、ここでは触れない。現実には遠江《とおとうみ》（静岡県）に出て三方原《みかたがはら》の戦いで徳川家康の軍勢を撃破し、三河《みかわ》（愛知県）に進んだが、ここで本人が発病したため挫折したことは、ご存じのとおりである。

このとき信玄は約三万の人数を率いていたというのが、いわば多数説であるが、そこから、いろいろな疑問が出てくる。まず、三万というのはどこまで裏付けのある数字なのだろうかということがある。実際にも諸説あることは次の項で触れるが、かなりの大軍だったことは間違いない。

とすれば、そもそも信玄は、どのくらいの動員力を持っていたのだろうかという疑問が出てくるはずだが、それが余り突っ込んで論じられたことがない。また、それがどういう形で構成されていたのかということについても同様である。

これをたとえていえば、菓子が一箱あるというだけで、実際にどのくらい入っているのか、入っているのは同じ種類のものなのか、各種詰め合わせなのか、詰め合わせというなら、なにとなにがどういう具合に入っているのかといったことが余り問われていないのである。

どうも、これまで学者も物書きの方たちも余りそういうことは気にならなかったようだ。そうした疑問に触れられていることは少なく、素通《すどお》りされて話を進められている例が多い。そもそも、そうした疑問自体が想定外だという人もおられたかもしれない。

これは私がそう感じているだけでなく、高柳光壽《たかやなぎみつとし》氏がとっくに指摘しておられる。氏は、古代史から近世史まで幅広く仕事をされ、日本歴史学会の代表を務められたこともある。もちろん、軍事史の方面にも詳しかった。

その高柳氏が「この当時（注：戦国時代）の軍隊の組織に関する無知は一般歴史書ばかりでなく、旧（陸軍）参謀本部の『日本戦史』も全く同様である。これでは日本の戦史は到底理解できないし、日本の歴史についても十分な理解に到達することはできないであろう」と書いている（『本能寺の変・山崎の戦』）。

ここで旧陸軍参謀本部の『日本戦史』というのは、桶狭間《おけはざま》、長篠《ながしの》、関ケ原《せきがはら》、大坂など著名な戦いを対象として、明治以来編まれたもので、いまだにけっこう信頼されて、重宝《ちようほう》されているものである。高柳氏は、『日本戦史』が動員力の問題についても杜撰《ずさん》であると批判しているが（『三方原之戦』）、そのことは次項で触れる。

氏が、そう嘆いたのは戦後のことだが、それでも、近年では少し研究が進んできた。**戦国大名の軍隊というのは、大きく分ければ、自分の家臣などの兵力と同盟ないし服属している国人《こくじん》、土豪《どごう》など在地の有力者などの兵力から成り立っていた**くらいのことは、氏のいう一般歴史書にも書いてあることが多い。

自分の家の兵力というのも、さらに分ければ、**その大名に直属する者たちと重臣などが率いてくる者たちとに大別される**といったようなことも同様である。なんだか当たり前のようだが、従来の『日本戦史』レベルでは、その程度のことさえ余り明確にされていなかったのである。

武田家の軍隊は複数のグループで構成されていた

一般論としては武田家の軍隊もそういうものだったが、問題は、そこからさらに踏み込んだ実態である。この点については、すでに上野晴朗《うえのはるお》氏や平山優《ひらやまゆう》氏の調べられたものがあって、一口に信玄麾下《きか》の部隊といっても、「御親類衆《ごしんるいしゅう》」が率いるグループ、「御譜代家老衆《ごふだいかろうしゅう》」が率いるグループ、「先方衆《さきがたしゅう》」と呼ばれる占領地の部将たちが率いるグループ、武川衆《むかわしゅう》、御岳衆《みたけしゅう》などといった境目警護のグループなどがあり、これらと並んで信玄直属のグループがあったことがわかる。

信玄に直属する形になっている部隊にも、彼の本営を固める旗本《はたもと》の者たちはもちろん、足軽大将たちに率いられた人数、「海賊衆《かいぞくしゅう》」と呼ばれる水軍、「浪人衆《ろうにんしゅう》」ともいうべき外人部隊、「新衆《しんしゅう》」と呼ばれる一種の工兵部隊など、もろもろのグループがあったようである。

こうした研究のベースとなっている『甲陽軍鑑《こうようぐんかん》』は、学者・研究者の間では余り尊敬されていない史料なので、どこまで信用できるかという声もあるかもしれないが、これだけわかるだけでもマシであろう。どこの大名の家もそうそうわかっているわけではないことは、織田家の例を見たってわかる。

海賊衆などは別として、信玄の西進に従った軍勢は、こうした諸グループによって構成されていたことは間違いあるまい。ただ、平山氏も記しているように、相互の関係はけっこう複雑で、先方衆などは御親類衆、御譜代家老衆の相備《あいぞなえ》としてそちらに付属させられたりする例が多かった。また、それぞれのグループの侍大将たちを抜き出して遊軍を編成し、信玄の直属として動かすことも少なくなかったようである。なお、この西進行動に当たっては、小田原の北条《ほうじょう》家からの援軍も加わっていたことが明らかである。

これだけでも、当時の軍隊の組み立て方が一筋縄《ひとすじなわ》ではとらえられないものであることがよくわかるが、問題はまだまだ先にある。たとえば、武田軍のすべてが戦闘員でなかったことは、容易に想像がつくが、それなら戦闘員と非戦闘員の比率は、どれくらいだったのかといわれても、正確に答えられる人は、まずいないのではあるまいか。

また、戦闘員には、馬に乗れる資格のある者とない者の区別があったことはわかるし、徒歩の兵士たちには、槍、弓、鉄砲、旗持ちなどといった兵種区分のようなものがあったこともわかる。だが、それらの比率はどうだったのかといわれても、残された若干の史料から推測するくらいのことしかできない。また、それぞれの装備の実態についても、どこまで的確に把握できるかというと、はなはだおぼつかない。

さらに、戦闘員にしろ、非戦闘員にしろ、従軍した者たちは、どういう具合に集められてきたのかという問題もある。また、彼らには訓練が施《ほどこ》されていたのか、いなかったのかということも明確ではない。少なくとも、戦闘員にはなんらかの訓練が行われていたと思われるのだが、具体的なことはほとんどわかっていない。それでも、武田家の場合には、ある程度の推測がつけられるが、他家ではわからないといったことがある。まあ、この問題に限らず、武田家について、わからないようなことは、他家についてもまずわからないと思っていただいたほうがよいだろう。

これから検討を始めようというのに、先に結論を出してしまったようで申しわけないが、当時の軍隊については、そのくらい不明な問題が多い。高柳光壽氏の指摘は、今でもまだ当たっているところが多いのだ。

POINT

・戦国大名の軍隊は、いくつかのグループから成り立っていた。
・それは、その大名家の兵力、同盟ないし服属している国人など在地の有力者による兵力などに大別される。

二　参戦した人数をつかまえる―よくわからない本能寺を襲った人数

陸軍参謀本部的算定法のマヤカシ

武田信玄が西進に当たって率いていた人数については、すでにいったように諸説がある。武田の史料『甲陽軍鑑』は、馬上が三一〇五騎で、これに新衆（土工などに当たる農民兵）や中間《ちゅうげん》（雑務に使役される下級の従者）といった非戦闘員と見られる者三〇〇〇ほどが加わったとされる。だが、馬上の三一〇五というのは、馬に乗っていた武士だけの数であって、徒歩の兵士は含まれないから、それが事実であったとしても、総数はわからない。

徳川側の史料を見ると、少ないほうでは「当代記《とうだいき》」が二万としている。三万余とするのは、『總見記《そうけんき》』と「大三川志《だいみかわし》」だが、『甲陽軍鑑』も徳川の家臣内藤信成《ないとうのぶなり》が武田勢を三万余と見たと記している。ただし、信成の観察が当たっていたかどうかまでは書いていない。

そのほか三万五〇〇〇とするのが『武徳編年集成《ぶとくへんねんしゅうせい》』、四万とするのが「浜松御《ご》在城記《ざいじょうき》」、四万余とするのが根岸直利《なおとし》の「四戦紀聞《しせんきぶん》」である。もっとも、「四戦紀聞」には、あるいは三万五〇〇〇だったとの注もあって、余り自信はなさそうである。徳川様公認の軍記というべき『改正三河後風土記《かいせいみかわごふどき》』は、北条家からの援軍を加えて四万三〇〇〇余であったとしている。

もっとも大きな数値は、当時来日していた宣教師ルイス・フロイスの報告にある六万である（『耶蘇会士日本通信《やそかいしにほんつうしん》』）。同時代人の書いたものであるから、一も二もなく信じたいところだが、フロイスも実際に確認したわけではなく、風説を記しただけのようである。

現在では、三万というのが多数説のようになっているが、それはどこから出たのだろうか。先に見たように、武田勢を三万余とする史料はたしかにあるが、それらが直接採用されたということではなく、どうやら陸軍参謀本部の『日本戦史―三方原役《みかたがはらえき》』に掲げられた数値が元になっているようである。それでは参謀本部は、どこから割り出したのかということになるが、既存の史料から採ったということではなく、独自の計算によってはじき出したものである。

参謀本部は、まず信玄が動員できたとみられる全兵力を約三万と計算した。だが、それらをすべて従軍させるわけにはいかない。残しておく人数を除外したうえで、北条家からの援軍を加えても、出動できた人数が三万より多かったということはあるまいと見ているのである。

動員可能な兵力を約三万とする見方は、その後もほぼ踏襲《とうしゅう》された。徳富蘇峰《とくとみそほう》氏の『近世日本国民史』も、これをベースとして、そこから二万五〇〇〇が実際に従軍し、これに北条家の援軍二〇〇〇が加わったと見ている。また、戦史研究家だった井上一次《いのうえかずつぐ》中将は、約三万が至当だとしたが、これも参謀本部の計算をベースにして目一杯と見られる数値をとったものである（『大日本戦史　第三巻』）。だが、参謀本部の計算をまったく信用していない高柳光壽氏は、北条家の援軍を合わせても、二万五〇〇〇くらいではなかったかと見ている（『三方原之戦』）。

それでは、陸軍参謀本部の計算とは、どういうものかというと、**当時の信玄の所領を一二〇万石とし、一万石について二五〇人を動員可能と見て、約三万という数値をはじき出している**のである。ここで一二〇万石というのは、それだけの米（正確には玄米）が生産できる領地を押さえているという意味である。

一見、いかにももっともらしく、合理的に見えるので、今でも戦国大名の兵力計算というと、同様の方法がとられることがあるようだが、これがとんだマヤカシなのである。そのことは、高柳氏がとっくに指摘している。

氏が『三方原之戦』や『本能寺の変・山崎の戦』でいわれていることを要約すると、まず、**領地というのは常に変動しているし、そこにいる国人などの従属関係もはっきりしないことが多い**から、そう簡単に把握できないということがある。**国人や土豪などひっくるめて「国衆《くにしゅう》」といわれるような在地の勢力の従属関係が不安定なため、戦国大名の勢力圏はしょっちゅう変動していた**ということは、後の研究者もいっている（黒田基樹《くろだもとき》『戦国関東の覇権戦争』）。

さらに、そこで当てはめられている**石高《こくだか》（米の生産量）というのは、すべて慶《けい》長《ちょう》年間（一五九六〜一六一五）以後のものであり、天正《てんしょう》年間（一五七三〜九二）以前のものはまったく不明**である。慶長以後の数値をもって、天正以前のことを推《お》し量《はか》ろうとしても無理であるとも高柳氏はいっている。

基準が一定していなかった軍役

これでは、そもそも推計しようにもベースとなるものがつかめないが、仮に所領や石高が正しく押さえられたとしても、一万石について二五〇人の動員が可能だったなどと簡単にいうことはできない。これは江戸時代の軍役《ぐんやく》の例などから割り出したものかもしれないが、それをもって戦国時代のことを推し量ろうというのは、これまた無茶な話なのである。

軍役というのは、主人が家臣に与えている知行《ちぎょう》（収入のある土地）や扶持《ふち》（米や金銭）に応じて提供させる軍事上の負担である。**どういう装備をした人間を何人出せといった形で命じてくることが多い。**

これは、どの戦国大名の家でも行われていたことだが、その**具体的内容は、よくわかっていない場合が多いし、わかっている場合でも、必ずしも割り当ては一律に決められていたわけではない。**

たとえば、小田原の北条家などは、かなり軍役関係の史料を残しているが、それによっても同じ知行高なら同じ負担が求められたわけではない。つまり、基礎となる比率は一定しておらず、一万石なら、いつでも、どこでも一律に二五〇人という具合にはいかないのである（藤本正行《ふじもとまさゆき》『戦国合戦 本当はこうだった』）。

それでも北条家にしろ、武田家にしろ、あらかじめ細かく規定を定めて軍役を課しているから、それくらいのことはわかるのだが、織田信長の家となると、その程度のことすらわからない。そもそも織田家には、軍役関係の史料がなにも残っていないらしいのである。専門家が知行と軍役の人数との関係を示す材料が残っていないのは不思議だといっているのだから、そのとおりなのだろう（永原慶《ながはらけい》二《じ》『戦国時代』）。

織田家の連中は、なにもいわれなくても進んで軍役を務めようとしていたから、なにも決めておかなくともよかったのか、それともドンブリ勘定で軍勢を集めていたのだろうかと疑われるゆえんである（藤本正行『本能寺の変』）。

動員可能な兵力が押さえ難いことは、以上のとおりだが、実際に参戦した兵力は、確実な史料があれば、それとは関係なしに把握することは可能だろうか。

たとえば、信玄の西進作戦についても、このときの武田家の軍役関係史料が完全に揃っていれば、たしかな従軍者数が割り出せるかというと、それも無理だろう。後でまた触れるが、**軍役を課されても手抜きをする場合もあれば、サービスよく賦課《ふか》された以上の人数を出してくる場合もある**。また、**軍役外の〈自主参加者〉もいる**ということで、そう簡単にはいかないのである。

本能寺を襲ったのは比較的少数だった

動員人数ということについて、もう少し、具体的な話を続けると、明智光秀が本能寺の変（一五八二）で織田信長を襲ったときの人数は、一万三〇〇〇だったというのが通説のようになっている。専門の学者や研究者も、たいていそのように書いているから、実証された数値と受け取っている人が多いのではないかと思うが、実は、そういうものではないのである。

本能寺の変について記した史料でも、光秀の率いた人数に触れていないものも多いが、触れているものも、数値はさまざまである。ざっと挙げても、「八千」（『甲陽軍鑑』）、「八千余騎」（『陰徳太平記《いんとくたいへいき》』）、「一万」（『改正三河後風土記』）、「一万三千」（『川角太閤記《かわすみたいこうき》』）、「二万余騎」（『惟任退治記《これとうたいじき》』）、「三万人」（『イエズス会日本年報』）と実に区々《まちまち》である。通説は、これらのうち「川角太閤記」の説を採用しているわけである。

そうしたのは、これを良質の史料と見たためかもしれないが、「川角太閤記」は、必ずしも全面的に信頼できるものではない。仮に、信頼できたとしても、そこにいう「一万三千」というのは、確たる根拠のある数値ではない。亀山《かめやま》（京都府）の城外に集められた兵士たちを見た光秀が重臣の斎藤利三《さいとうとしみつ》に向かって、〝どのくらいいるかね〟と尋ねたところ、利三が〝まあ一万三千くらいはいるでしょう〟と答えたものなのである。

織田信長の家には、軍役関係の史料は残っていないといったが、唯一の例外が明智光秀である。彼は、自身の家については、細かく軍役の体系を定めていた（「丹波《たんば》御霊《ごりょう》神社《じんじゃ》文書」）。そうやって綿密な軍隊運用を心掛けていた人でも、この程度だったのだから、他は推して知るべしというところである。

ということで、本能寺の変に参加した光秀の人数を正確につかむことはできないが、実際に本能寺を取り巻いて攻撃をかけたのは、比較的少数であったろう。狭い場所にいる小人数の敵に全軍でかかってゆく必要はないし、むしろ邪魔《じゃま》なくらいである。**おそらく光秀本人を含む多くの者は後方に控え、先手の三〇〇〇かそこらの人数で仕掛けたものと思われる。**

合戦に参加した人数が、かなり客観的な形でつかめるようになるのは、その後、豊臣秀吉などが「陣立書《じんだてがき》」というものをしきりにつくるようになってからだろう。それだって、秀吉以外にはそうそうやっていないし、すべての戦いについて存在しているわけでもないのである。

POINT

・参戦人数は、所有する領地の大きさからはじき出しているものが多い。
・領地は常に変動し、石高も天正年間以前は不明、軍役も一定ではなかったので領地の大きさから従軍者数を割り出すのには無理がある。
・本能寺を取り囲んで攻撃したのは、実際には少人数であったと考えられる。

三　集まった人数の仕分け方
――部隊を編成するようになったのは、そんなに古い話ではない

戦術的な組織としての〈部隊〉

これは戦国の諸侯に限ったことではないが、戦いのために集められた人数が相

当の数になれば、一まとめにしたままで動かすことはできない。必ず、いくつかのグループに分割しなければならなかったはずだが、戦国時代には、その点はどうなっていたかというのが、ここで提起しようとする問題である。

この時代の史料を見ると、「備《そなえ》」「手」「陣」などという言葉がよく出てくる。これが常に部隊を指しているとは限らないだろうが、「一番備」、「二番備」、「一番手」、「二番手」、「先陣」、「本陣」、「後陣」といった使われ方をしている場合には、部隊あるいは部隊らしきものをいっていると見てよいだろう。それぞれの中に、さらに小さな部隊（のようなもの）が含まれていることも考えられる。

そこまではよいとして、そうした部隊ないし部隊らしきものは、どのような構成であったのか、いつ頃から存在したのかといった疑問が出てくる。

黒田基樹氏は、小田原の北条家関係の史料を分析して、同家の軍隊が「一手」（備）を基本として構成されていたこと、物主《ものぬし》（指揮官）には一門・譜代あるいは外様《とざま》の国衆の有力者が当てられ、彼らの家中の衆が中核となっていたこと、独自に一手をつくれないレベルの者たちは、他の手に付属させられたことを指摘している（『戦争史料からみる戦国大名の軍隊』）。

氏は、北条家に限らず、**戦国大名の軍隊は、こうした「一手」（備）を基本として組み立てられていた**と見ているし、それぞれの**「一手」（備）の構成も常に一定していたわけではなく、極論すれば戦いのたびごとに変わったかもしれない**と見ている。

大綱としては、おそらくそういうことであろう。合戦のあり方がだんだん〈進化〉してくると、単に人数をいくつかのグループに分割するだけでなく、**戦術的な単位として動かせそうな組織をつくる必要が出てくる**ことは、容易に想像できる。それは名称のいかんによらず、後世の「部隊」といったものだが、その場合、**ある程度自前の人数を抱えている者を中心に据えざるをえないだろうし、そこに至らない者は寄騎《よりき》・同心《どうしん》といった形でその下に組み込まざるをえないだろう。**

実は、天正十五年（一五八七）に北条家が上総《かずさ》（千葉県）の国人領主井田胤徳《いだたねのり》という者に三〇〇人の出動を求めたときの文書がそっくり残っている（「井田文書」）。三〇〇人のうち一四五人は胤徳本人の人数だが、残り一五五人は二五人の小領主が率いてきたものである。この人たちは、本来、胤徳と同格であるはずなのだが、胤徳の配下に組み込まれていた。一人の国人領主と二五人もの小領主たちが集まって一隊を構成するところに、当時の状況を見ることができる。

いつごろから部隊が編成されるようになったのか

戦国時代末期の北条家では、そんな具合に部隊づくりが行われていたのだが、そういうことはいつごろから始まったのだろうか。

前出の黒田基樹氏は、天文《てんぶん》八年（一五三九）以前のものと見られる北条家関係の文書に「一手」という言葉があるといっている。これをそのまま受けとめれば、その頃には戦術的な単位（らしきもの）が存在したことになる。天文二十二年（一五五三）、駿河今川《するがいまがわ》家の出した「今川仮名目録《いまがわかなもくろく》」にも「他の手へ加わり云々」といった文言が見られるから、少なくとも、東国ではそうした組織をつくることは定着していったのかもしれない。

東国では……といったのは、西日本では少し違う〈証言〉があるからである。元亀元年（一五七〇）二月、毛利《もうり》家の軍勢と尼子《あまご》家の再興を企てる山中鹿介《やまなかしかのすけ》（幸盛）らの軍勢が出雲《いずも》（島根県）で戦った。毛利の家臣桂元盛《かつらもともり》は、そのときの状況について、「其節《そのせつ》は御人数《ごにんずう》だて（立て）など有る事もこれ無きに付て、人々我先《われ》にと罷《まか》り越し候」と記している（「桂岌圓覚書《かつらきゆうえんおぼえがき》」）。

ここにいう「御人数だて」を部隊分けのことだと解すれば、そうした部隊組織のようなものがはっきりしていなかったから、それぞれが勝手に前線へ出て行ってしまったということになる。実見した人間のいうことではあるが、本当にそんなことがあったのだろうか。

このときの戦いでは、毛利軍が一万三〇〇〇余、尼子軍が約六七〇〇いたとされている。こうした数字が、必ずしも当てにならないことは、すでにいったとおりだが、双方相当数の人数が集められたことは間違いない。『陰徳太平記』などを見ると、尼子軍は左右二方面に分かれて、それぞれ一陣、二陣と備えを立てたとされているし、毛利軍も左右何隊かに分かれたうえ、別働隊を出して、尼子軍の背後を衝《つ》いたということになっている。

そうであれば、部隊分けがなされていなかったということにはなるまい。あるいは、桂元盛がいっているのは、一応の区分や部署の取り決めはあっても、守らない奴が多かったということなのかもしれない。それなら秩序、規律の問題ということになってしまうが、私には結論が出せないので、疑問の提起にとどめておくこととしたい。

川中島の戦いが戦術的な画期だった？

部隊づくりということについて、もう少し考えてみよう。明治から大正にかけて『刀剣と歴史』という雑誌を主宰していた高瀬羽皐《たかせうこう》という人がいた。この人は、ペリー艦隊が来航した年に水戸で生まれ、ジャーナリスト、社会事業家として活動したが、刀剣愛好家であり、歴史マニアでもあった。それでこんな雑誌を出していたのだが、少年時代に甲州《こうしゅう》流系の軍学の講義を受けたことがあったそうで、軍事史方面にも関心が深かった。

その高瀬氏のいうところによると、戦国時代の途中までは、どこの家にも軍法といえるほどのものはなかったという。実は、「軍法」という言葉自体は古くからあって、幅広い意味で使われていたが、軍隊の編成だの運営だのという意味での軍法は存在しなかったということであろう。それまでの慣例や土地の習俗をベースに適当に定めていたというのである。そういう点では、お隣の明国《みんこく》などにくらべても、はるかに劣っていたが、永禄《えいろく》年間（一五五八～七〇）の末頃になって、ようやく味方の隊伍《たいご》をもって敵の隊伍を撃とうということが考え出され、足軽の運用などが重視されるようになったという（『刀剣と歴史』第七一号）。

氏がどこの家のどういう事例を想定しているのかはわからないが、戦前、戦史研究家として知られていた伊藤政之助《いとうまさのすけ》少将は、武田信玄と上杉謙信が戦った川中島の戦い（一五六一）が戦術的には一つの画期であるといっていた。この戦いで、信玄、謙信は、それまでの個人本位の戦い方から脱却して、「部隊を適宜《てきぎ》に按配《あんばい》編合《へんごう》して……（各種の）陣形を作り之を巧みに運用して勝を制しようとした」というのである（「戦国時代の陸戦史」）。

別に、この時点で部隊が組織されるようになったといっているわけではないが、それ以前は、独闘《どくとう》主義つまり個々人の働きにまかせる形でやっていたというのだから、この頃から戦術的な単位が意味を持つようになってきたということだろう。

たしかに、一応の組織が存在したとしても、それが意味を持ってくるには、戦い方自体が集団主義的な方向に変わらなければならない。高瀬羽皐氏が隊伍をもって隊伍を撃つといっているのもそういうことだろうが、そういう変化が生じたのは、長篠の戦い（一五七五）以降のことだという見方が、いまだに根強くある。高瀬氏や伊藤少将の主張は、それをもう少し前に持っていっているのである。

　この点については、やはり戦前、戦史学者として活躍していた佐《さ》藤《とう》堅《けん》司《じ》氏も、長槍兵《ちょうそうへい》を密集させて戦うような集団戦術は、信玄・謙信の両雄がかなりの程度まで開拓していたと説いていた。それを信長が完成させて、長槍兵や鉄砲兵を集団的に使うようになったというのである（『日本武学史』）。佐藤氏は、集団戦術をつくったのは槍の普及であり、鉄砲がそれを発展させたのだとも論じていたが、同じ趣旨であろう（「日本陸戦法史一鳥瞰」）。

　こうした諸氏の主張が正しければ、**戦術的な単位が存在意義を示したのは、戦国時代もかなり遅くなってからのこと**だということになる。だが、高瀬氏は具体的な例示を欠いているし、伊藤少将のような軍人さんの戦史研究は、とかく史料批判をおろそかにする傾向がある。元軍人だった佐藤氏にも、その傾きがないではない。したがって、その辺はお預けにしておきたい。

中世ヨーロッパでも部隊編成は進んでいなかった

ただ、伊藤少将の場合（佐藤氏もそうだが）、もっぱら日本の戦史だけを研究していたのではなく、欧米の戦史についても造詣《ぞうけい》が深かった。川中島の戦いを画期とする主張も、ヨーロッパの戦術レベルを見据えて行われているので、なにがしかの論拠は、そちらとの比較の中にあったのかもしれない。

高瀬羽皐氏もいうように、明国の兵制などはずいぶん進んだものだったが、ヨーロッパはそうではなかった。戦術的な単位づくりは、わが国にくらべて、そうそう早く進行していたわけではない。

中世ヨーロッパの軍隊は、いわゆる「騎士」を中心に組まれていたが、個々の騎士は、それぞれ騎馬や徒歩の部下を従えている。コンバットチームのようなものだが、これを「ランス（lance）」と呼び、それらをいくつも組み合わせて、一軍を構成していた。何十もの小グループをまとめて一つにしていた北条家の井田胤徳の部隊の場合と似たようなものである。

一五一五年頃までは、集まって来る人数の多少にかかわらず、そういう集団を三つくらいつくるのが例だったらしい（R・E・デュピュイほか【軍事史百科事典】など）。これを「バトル（battle）」と称していたが、三つにするのは、前衛部隊、主力部隊、後衛部隊という考え方によるものだったらしい。

バトルは、そうやって適当につくったものだから、扱い難く、動かし難かったし、しかも火器が普及してくると、銃砲火には弱いというので、十六世紀中には、だんだん廃《すた》れたのである。伊藤少将などは、そういうものにくらべれば、信玄や謙信のほうが、より合目的的《ごうもくてきてき》な組織をつくって戦ったといいたかったのかもしれないが、これも結論はお預けである。

POINT

・合戦の進化にともない、部隊が組織されるようになった。
・川中島の戦い（一五六一）を境に、部隊を編成して集団で戦う戦術が意味を持つようになったという見方がある。

四　部隊の人数や構成の実状──理論はあったが、現実は違った

騎馬五〇騎を中核とした部隊編成

戦国時代に部隊分けがされていたとすれば、それは何人くらいで構成されていたのかという疑問が出てくる。早くからそういうことを気にした人もいて、大正十年（一九二一）頃、陸軍参謀本部付の将校だったと思われる人が、前の項で触れた高瀬羽皐氏にそういう質問をしている。

一個中隊は何人から始まって、一個師団は総勢何人というところまで、きちんと決められている近代の軍隊編成に慣れた人であれば、部隊には定員があると考えるのは当然である。それで戦国時代の「一備《ひとそなえ》」というのは、定員何人だったのでしょうかという問いになったのであろう。

問われた高瀬氏のほうは、少年時代に軍学の講義を受けたという人だから、そうした素養に基づいた答えをしている。

「五十騎一備」といって、馬に乗った者五〇人をもって「一備」とするのが基本

であるが、五〇騎の侍だけで戦闘ができるものではない。弓、槍、鉄砲の兵士やそれを率いる者、旗奉行《はたぶぎょう》、目付、使番《つかいばん》といった役人たち、さらに一備の長である侍大将の家臣なども加わって、一〇〇〇人とか一二〇〇人とかいったことになる。そこに確定した数値などはないというのである（『刀剣と歴史』第一三〇号）。

高瀬氏はそういうが、実は軍学諸流では、「一備」について、確定的な人数を示しているのが普通である。もっとも、流派によって、あるいは同じ流派でも系統によって、数値は異なっているが、いずれも騎馬五〇騎を中核としていることは共通である。

具体の例でいうと、武田信玄の遺法を伝えたと称する甲州流（武田流）の軍学では、一備六二八人とするものと六四四人とするものがある（ともに「信玄全集末書」）。甲州流の系統に属する北条流では、七四四人とするもの（「兵法雌鑑《へいほうしかん》」）と八〇二人とするもの（「兵法雄鑑《へいほうゆうかん》」）があり、やはり甲州流の系統の長沼《ながぬま》流は八〇〇人余としている（「兵要録《へいようろく》」）。一方、上杉謙信の遺法によるという要門《ようもん》流は、七〇〇人である（「武門要鑑抄《ぶもんようかんしょう》」）。なお、これらの人数には、いずれも補給要員などの非戦闘員が相当数含まれている。

「五十騎一備」も机上の理論値

端数まできちんと積算している例などを見ると、いかにも定数が決まっていたかのように思えるが、実は、それらは机上の理論値に過ぎない。たとえば、六二八人という甲州流の数値は、中核となる五〇騎の侍は、一律に馬丁《ばてい》一人、槍持《やりもち》一人を従えた主従三人で出てくるものとし、組頭や足軽大将も主従五人でやって来るものとして計算している。

だが、**五〇騎の侍や組頭《くみがしら》、足軽大将などは、必ずしも同一の知行高《ちぎょうだか》ではない。**一備の長となる侍大将たちにしても、同じ知行を受けているわけではない。**知行高が違えば、課せられる軍役も違うのが普通**だから、そこでまずバラツキが出る。さらに、軍役というのは、常に一〇〇石につき三人なら三人と決まっているわけではなく、その時々で変動がある。ということで、一見、整然と見える数値も、余り根拠のあるものではないことがわかる。

さらに踏み込んで考えると、こうした一備の立て方は、本当に信玄（あるいは謙信）の頃からあったのだろうかという疑問が出てくる。この点について高瀬氏は、甲州流軍学のいうような備立ては、必ずしも信玄当時のものとはいえず、当時は一隊何人などという決まりはなかったといっている（『名将武田信玄』）。

それに続けて、寛永《かんえい》年間（一六二四～四四）以後の徳川家の軍制では、一備はおよそ七〇〇人から八〇〇人としていたが、これは将軍家光が北条流の北条氏長《うじなが》と相談して決めたものである。そういうものを家康時代に適用することはできないし、まして武田信玄の備立てに当てはめることなどは無理だといっている。

北条氏長は、三代将軍家光、四代将軍家綱の軍学師範となった人だが、関ケ原の戦いの九年後に生まれて、島原の乱にちょっと首を突っ込んだくらいで、戦国合戦の体験があったわけではない。氏長を指導した小幡景憲《おばたかげのり》にしても、武田の遺臣の子というだけで、信玄の時代を実際に知っていたわけではない。そういう人たちがこね上げた軍学によって、信玄や謙信の時代のことを知ろうというのは無理な相談かもしれない。

ただ、五〇騎なり一〇〇騎なりの侍を中核として部隊を構成しようという考え方自体は、必ずしも後世の軍学者が机上でひねり出したものではなく、早くからあったのではないかと思うのだが、これにも結論は出せない。

江戸時代の諸藩の中には、実際にそうした部隊編成を試みた例はある。たとえば、芸州藩《げいしゅう》(広島県)浅野家は、宝永《ほうえい》六年(一七〇九)に家中の軍役を改定したのに伴って、「五十騎一備」の編成も定め直している(「芸藩志拾遺《げいはんししゅうい》」)。この家は、甲州流軍学を採用していたから、それに基づいたのだろうが、一隊の人数は八四八人となっている。ということで、実際にそうした運用があったことはわかるが、この場合も、それに基づいて訓練などを行ったのかどうかはわからないので、単なるペーパープランに終わったのかもしれない。

同じような考え方は中世ヨーロッパにもあった

一定数の騎馬の侍を中核として、部隊を組み立てようという考え方そのものはあったのではないかといったが、実は中世のヨーロッパでも、よく似たことをやっていた。同じような歴史環境の中にいた、同じ時代の人間の考えつくことなんて似たようなものだから、わが国にもあったかもしれないと想像する一つの材料にはなるだろう。そこで参考までにお示ししておきたい。

当時のヨーロッパにランス(ｌａｎｃｅ)というものがあったことはすでに触

れたとおりである（第一章三項）。ランスとは、本来、騎馬兵の使う槍のことだが、そういうものを携えた重装備の騎士と、彼が引き連れてくる従者のグループをそう呼ぶようになったのである。

従者の数に決まりはなく、二、三人から一〇人くらいまでさまざまだったが、三人から六人というのが普通だったようだ。装備は区々《まちまち》だが、馬に乗っている者も多かった。一種のコンバットチームのようなものだが、非戦闘員を含んでいる場合もあった。

北イタリアなど一部の地域では、このランスを五〇とか一〇〇とか固めて一隊とすることが行われるようになって、十五世紀の前半にはかなり広まっていたという（W・マクニール『戦争の世界史』）。まさに「五十騎一備」とか「百騎一備」というものだが、各ランスの人員が不定だから、総人員も一定数にはならない。その点は、わが国の「五十騎一備」と変わらない。

一方、百年戦争（一三三七～一四五三）中のフランスでは、一人の騎士と五人の従者を一ランスとし、一〇〇ランスをもって一中隊とすることが行われていたというから、「百騎一備」というもので総勢六〇〇人ということである（R・E・

デュピュイほか【軍事史百科事典】など)。

POINT

・ひとつの部隊は五〇騎の侍を中核に、兵士や役人、補給要員といった非戦闘員などから構成されることが多かった。
・知行高や軍役は区々だったため、「五十騎一備」とされる部隊の人数には疑問が残る。

五 〈進んだ軍隊〉と〈遅れた軍隊〉の実態
——違いがあったというのは、一種の幻想である

体制や政策の新旧を問うには論拠が乏しい

戦国大名には、行財政面や軍事面において〈進んだ〉家と〈遅れた〉家があったという認識があって、一種の歴史常識のようになっている。たとえば、織田、豊臣は〈進んだ〉家で、武田や北条は〈遅れた〉家だったとされている。

具体の例としてよく引かれるものに、豊臣秀吉と小田原の北条家の対決があ

る。〈進んだ〉体制を整えていた豊臣側が〈遅れた〉北条家を圧倒してしまった、一方は勝つべくして勝ち、他方は負けるべくして負けたという構図である。

豊臣が勝ち、北条が負けたのは、まぎれもない事実だが、そうなった理由については、そんな形で説明できるのだろうかというのが、私のかねてからの疑問であった。果たして……というべきかどうかはわからないが、近年、反論が見られるようになった。

たとえば、池上裕子《いけがみひろこ》氏は、「(北条家の)敗戦は、北条の領国支配が古かったり矛盾をもっていたからではない。もちろん矛盾や欠陥がなかったわけではない。でもそれは信長でも秀吉でも同じである。北条は検地《けんち》、貫高制《かんだかせい》、知行制、家臣団編成等々において合理的な新しい政策をとっていて、ある時期、信長や家康よりも体系的な支配体制を築いていたといってよい」といっている(『織豊政権と江戸幕府』)。

古いといわれたほうが、必ずしも古かったわけではなく、新しいといわれたほうが新しかったわけでもないということだが、似たような指摘は、黒田基樹氏も行っている。氏によると、数ある戦国大名のなかで、どのような税金をどのような基準で取っていたかという税体系を具体的に知ることができるのは、北条家だけだそうである。武田や上杉にしても、そういうことはよくわからないし、信長や秀吉にしても同様だというのである（『百姓から見た戦国大名』）。

もっとも、それだけでは〈進んだ〉とか〈遅れた〉とかいう議論には、直《ただ》ちにつながらないが、それに続けて黒田氏は、こうもいっている。「信長については、近世の幕を開けた人物とか、あげくに近代の先駆けをなしたなどと、もてはやされることも多いが、実際にはどのように領国支配をしていたのかすら、ほとんどわかっていない」。そのとおりなら、これまでの議論は、**確たる論拠もないままに、〈進んだ〉とか〈遅れた〉とかいっていたことになる。**

信長の軍隊は、本当に進んでいたとはいえない

こういう問題について、私が疑問を抱いたのは、鉄砲について調べてみたことが契機である。これまでの通説では、鉄砲という新鋭の武器に最初に着目したのは織田信長ということになっている。彼は鉄砲隊を編成して集団的に鉄砲を使用することを考え、それを運用する新戦術をも開発して、天下一統という大事業を

なしとげたと説明されている。つまり、信長は〈進んだ軍隊〉をつくることによって成功したという話であり、〈遅れた軍隊〉を擁する側は、とてもかなわなかったということでもある。

こういう見方が誤っていることは、拙著『鉄砲と日本人』以来、さまざまな機会に説いてきた。私以外にも、同様の主張をされた方もいて、ひと頃のような無邪気な〈信長賛歌〉は、そう高らかには聞こえなくなったが、いまだに生き長らえていることに変わりはない。

詳しいことは、他の著作などに譲るとして、現在までに私にわかっている結論的なことだけをいっておくと、**信長の軍隊が特に進んでいたとか、これと敵対した軍隊は遅れていたとかいえるだけの材料はない**ということである。

たとえば、信長はいち早く鉄砲に着目したというが、史料的に見る限り紀州《きしゅう》（和歌山県）の雑賀衆《さいかしゅう》などのほうが早そうである。彼らは、紀ノ川下流域を本拠とする土豪集団であるから、学者のこれまでの分類では、明らかに〈遅れた〉存在といえるだろう。

大量の鉄砲を備え、かつ実用に供したのも、彼らや同じ紀州の根来衆《ねごろしゅう》などのほうが信長に先行している。この根来衆は、新義真言宗《しんぎしんごんしゅう》本山根来寺の衆徒（僧兵）を中心とする集団であるから、やはり〈遅れた〉存在のはずである。

元亀元年（一五七〇）、信長が将軍足利義昭をかついで摂津《せっつ》（大阪府）に陣取った三好《みよし》党の軍勢を攻めたとき、雑賀衆、根来衆、日高・熊野地方の軍勢二万が応援にやってきたが、彼らは鉄砲三〇〇〇挺《ちょう》を携えてきたと『信長公記《しんちょうこうき》』にある。鉄砲装備率は約一五パーセントである。「当代記」には、根来・雑賀の人数一万余が鉄砲二〇〇〇挺を装備していたとあるから、根来衆と雑賀衆の連合軍の鉄砲装備率は二〇パーセント近かったことになる。

この五年後に信長が鉄砲を大量に使用したとされる長篠の戦いが行われる。このときの信長軍は約三万ということになっているが、用意された鉄砲は、確実な史料で見る限り、一五〇〇挺プラスアルファーに過ぎない。これでは装備率において、根来や雑賀の〈遅れた〉集団に全然及ばないし、鉄砲のかなりの部分は、長篠に来なかった傘《さん》下《か》の諸将に提供させたものだった。

また、**信長が鉄砲隊を三列に分けて交替で撃たせる新戦術を編み出したなどというのはまったく根拠のないウソである。**なぜウソかということは、また詳しく説明するが（第五章二項）、運用においても〈進んだ〉ところが見られたわけではない。この点については、信長は世界史的にも、それまで例のなかったことをやったようにいう人が外国人学者も含めて何人もいるが、これはウソの上塗《うわぬ》りのようなものである。

柵や壕の背後に鉄砲兵を何列にも並べて、交替で一斉射撃をさせるという試みは、ヨーロッパでは、長篠の七十年以上前の一五〇三年から行われていて、欧米の軍事史の本には、いくらも書かれている（C・オーマン【十六世紀の戦法の歴史】など）。さらにいうと、一五六二年には、騎馬兵の間でも「カラコール（半旋回《はんせんかい》）」と呼ばれる交替射撃の戦法が始まって、長い間続けられた。そのことも、軍事史の本には定番的に載っている（J・エリス【騎兵】など）。

信長の〈新戦法〉についてはそういうことだが、彼は兵農分離《へいのうぶんり》を実行して、土地から切り離した士卒らを城下に集住させ、日常的に集団戦の訓練を行っていたなどということも、〈新しがり派〉の人たちが判でついたようにいうところである。信長が家臣を城下に集めようとしたことは、史料的にも確認できないではない。だが、それ以上のこと、たとえば鉄砲兵はどのように集められてきて、どういう訓練を施されていたかといったことはまったくわからない。そういう肝心なことを説明できないままに新しがってみても、始まらないと思うのだが……。

POINT

・行財政や軍事面において〈進んだ家〉〈遅れた家〉などとする議論には確たる根拠はない。

・鉄砲に最初に目をつけ、新戦術を編み出したとされる織田信長の事績は事実ではない。

六　戦闘員と非戦闘員の比率
――大事なことなのに、余り問題にされてこなかった問題

意外と多かった非戦闘員

戦国時代の軍隊の構成については、よくわからないところが多いことは、すでにくり返し見てきたとおりだが、従軍した者の中には、戦闘員と非戦闘員の別があったであろうことは、容易に想像がつく。だが、両者の比率がどうなっていた

かとなると、私には見当がつきかねるところがある。そもそも、両者の線引きがはっきりしない面がある。

わかっている人にはわかっているのかもしれないが、これまで余り取り上げられてこなかったし、納得《なっとく》のゆくような説明に接したこともない。それで私として考えた限りのことを記しておきたい。

戦国酣《たけなわ》のころには、余り手がかりとなる史料がないが、戦国時代も終わりに近くなって、軍役の体系が整ってくると、かなり明確になってくる。また、江戸時代に入っての軍制でも、具体的な数値を盛った史料が見られる。

豊臣秀吉の文禄《ぶんろく》元年（一五九二）の朝鮮出兵に当たって、その前年に秀吉の命によって、筑後《ちくご》（福岡県）の立花統虎《むねとら》（宗茂《むねしげ》）・高橋統増《むねます》（直次《なおつぐ》）兄弟に要求された部隊の例を見てみよう（「立花家文書」）。

それによると、隊長を含む士分が三〇〇人、旗持ち、鉄砲足軽、弓足軽、槍足軽などの兵卒が一一〇〇人、両者合わせて一四〇〇人を一応戦闘員と見ることができる。旗持ちなどは、本当の意味での戦闘要員といえるかどうか疑問だが、当時もそうだし、後の軍学のほうでも戦闘員と見ているようである。これに対して、馬の世話をする馬丁、雑務に当たる小者《こもの》、輸送要員である小荷駄《こにだ》などの雑卒《ざつそつ》は非戦闘員にカウントされると思われるが、これらが合わせて一六〇〇人であるから、戦闘員よりも非戦闘員のほうが若干多い勘定である。

慶長二年（一五九七）の二度目の朝鮮出兵の際に求められた立花統虎隊の内訳もわかっている。将士二一二人、兵卒一一五二人、合わせて一三六四人が戦闘員と見られるのに対し、雑卒の類《たぐい》は一二四二人であるから、今回は戦闘員のほうが少し多い。

文禄の朝鮮出兵では、肥前《ひぜん》（長崎県）の五島純玄《ごとうすみはる》も七〇五人の人数を要求されているが、そのうち非戦闘員と見られる者が七三・五パーセントにも達している。もっとも、海外への出兵という特殊事情から、船頭・水夫が多数含まれているので、それらを外せば六三・一パーセントとなるが、それでも非戦闘員の比率はかなり高い。

戦国の余韻《よいん》が覚めやらない元和《げんな》五年（一六一九）に、毛利一族の周防《すおう》（山口県）岩国《いわくに》の吉川広正《きつかわひろまさ》がつくった人数書がある（『毛利家文書』）。総人数三一五〇人のうち、騎馬の士から馬丁までが一五七六人、輸送などに当たる雑卒の類が一五七四人という分け方をしている。前者が戦闘員、後者が非戦闘員という考え方らしいが、ほぼ同数である。

ただし、「馬取《うまとり》」（馬丁）などまで戦闘員にカウントするのは疑問であるから、それを非戦闘員として扱えば、非戦闘員の比率は六二・二パーセントとなる。

さらに時代の下がった例としては、先に取り上げた芸州藩浅野家が宝永六年（一七〇九）頃に定め直した「五十騎一備」がある（第一章四項）。総勢八四八人のうち一一九人いる「手明《てあき》」をどう見るかが問題だが、これを戦闘員とすれば、戦闘員が五二パーセントとなって非戦闘員をやや上回る。これを非戦闘員と見れば、戦闘員は三八パーセントにとどまることとなる。

こうした数値を直ちに遡って適用することはできないかもしれない。だが、同様の傾向は、戦国時代を通じてあったのではないかと思われる。**非戦闘員と見られる者の比率は、想像以上に高かったのではないか**というのが、私の〈感想〉である。そうであれば、戦国合戦を見る目も、そうした事実に即応したものでなければならないだろう。

たとえば、信長や秀吉の兵農分離政策を高く評価する人は、彼らは兵士たちをあらかじめ城下に集住させていたから、動員が容易で迅速な機動ができたという。だが、仮に戦闘員についてはそうであったとしても、戦争をするには多数の非戦闘員が必要だったのだから、彼らも集住させておかなかったら簡単には動けない。その点まで説明した人はいないようだ。

ちなみに非戦闘員といっても、彼らは**原則として戦闘に加わることが予定されていなかったというだけで、戦場に出なかったとは限らない**。したがって、戦闘に巻き込まれることも珍しくなかった。勝ち戦であれば、思わぬ手柄を立てたり、略奪などの余禄にあずかったりすることもあったが、負け戦となれば、命を落とすようなこともざらにあった。

POINT

・戦国時代終わりごろの史料に記された例を見ると、雑務や輸送などにあたる非戦闘員の人数は、部隊全体の半数前後におよび、思いのほか多かったといえる。

七　傭兵とその活動――誤解と偏見にさらされた人たちの実態

傭兵とはなにか

戦国時代に傭兵《ようへい》がいたということは、たいていの人が認めているところだろうし、私もそう思っている。だが、その範囲をどうとらえるかとか、その実態はどうであったかとなると、いろいろ疑問が生じてくる。ともかく、それらを提示しておきたい。

「傭兵」というものの一般的な定義としては、金銭など経済的対価を得ることを目的に軍務に就く者ということになるが、その解釈いかんによって、範囲は途方もなく広がったり、逆にせばまったりすることになる。

戦国時代の主従関係というのは、おおむね給付と反対給付をベースに成り立っていて、家臣がなんらかの経済的な見返りなしに主人に奉仕するなどということは、まず考えられなかった。それを傭兵というなら、日本中至るところ傭兵だらけになってしまって、例外を見つけるほうが大変なくらいである。

たまたま戦国大名に服属したり、同盟したりしている国人たちなどにしても、経済的な損得勘定で去就《きょしゅう》を決めるなど珍しいことではなかった。こういうのも傭兵としてとらえてしまうと、その範囲は限りなく広がってしまう。

それでは、一応、上下関係に入ってしまったり、同盟関係を結んで動いたりした場合は、傭兵活動とは認めないということにすれば、すっきりするかといえば、そういうことではない。微妙な問題は、いくらでも残る。

線引きの難しさ

他国から来た人間を雇って使うことは、あちこちの戦国大名がやっているが、これを組織化していたのが武田信玄である。これを「浪人衆」といった。荻生徂徠《おぎゅうそらい》は「鈐録《けんろく》」で「浪人衆と云うは、本領を離れて他国に仕うる者を云う。当時無禄人《むろくにん》をいう類には非《あら》ず。甲州の浪人衆名和無理之助《なわむりのすけ》が類、是なり」と説明している。実は、武田家では「浪人頭」一人を置いて、諸国から集まる浪人衆の統率に当たらせていたというが、これは軍事的なポストというより、行政官的なものだったと解されている。

これなどは、典型的な傭兵の事例と思われるのだが、武田軍団に抱え込まれて信玄に臣従《しんじゅう》したのだと解釈すれば、必ずしも、そうはいえなくなる。純然たる傭兵契約だったのか、主従関係を結んだのかが微妙な例は、ほかにもある。

慶長十九年（一六一四）、豊臣と徳川の衝突が避けられなくなったとき、豊臣方では豊臣秀吉とのつながりの深かった「豊臣恩顧《おんこ》」の大名たちに呼びかけたが、誰も応ずる者はなく、手当たり次第にかき集めるほかなかった。その結果、集まったのは、関ケ原で敗れて領地を失った者、その後幕府に改易《かいえき》された者、主人と衝突したり、これを見限ったりした者……といった落伍組、不平党か、さもなければキリスト教徒のように世に容れられなくなった者たちなどであった。

毛利一族の吉川広家《きつかわひろいえ》は、慶長十九年十一月、息子たちに宛てた自筆の書状の中で、「（大坂）城中之事、頭分《かしらぶん》の牢人（浪人）衆、下々に又牢人を抱え置き候」と記している（「吉川家文書」）。頭目となる浪人の下に別の浪人たちが集まる傭兵隊のようなものがいくつも存在したということである。武田家の浪人衆以上に傭兵性は強いと思うのだが、そう解釈する人ばかりかどうかはわからない。

その武田信玄は、永禄十一年（一五六八）末、今川領だった駿河（静岡県）を手に入れて領域が海に接するようになると、直ちに水軍の建設に取りかかった。といっても、甲州や信州の山国育ちの連中を充てるわけにはいかないから、駿河、伊豆《いず》（静岡県）、伊勢《いせ》（三重県）などの既存の水軍の衆（海賊衆）を招致して、丸ごと抱え込むという方法をとった。

既存の水軍をそっくり利用するというのは、別に信玄に始まったわけではなく、毛利家なども瀬戸内の海賊衆をそういう形で使っている。また、後には織田信長が本願寺と戦った石山合戦のとき、本願寺の応援にやってくる毛利傘下の海賊衆に対抗するため、大坂湾周辺の非本願寺系の海賊衆をかき集めて〈織田水軍〉をつくるということをやっている。

こういうのも傭兵の一形態ではないかと思うのだが、**見方によっては、臣従させたとか、同盟ないし提携したということにもなる**だろう。和泉《いずみ》（大阪府）の真《ま》鍋《なべ》家の場合で見ると、西国から大坂への補給をとめたいと、「信長公（が）御頼《おたの》みなされた」ので、おそれいりますと「御請《おうけ》申し上げ」たところ、「当分《とうぶん》之《の》褒美《ほうび》」をくれたという（「真《ま》鍋《なべ》真入斎《しんにゅうさい》書付《かきつけ》」）。はっきり臣従したということなのか、傭兵契約を結んだということなのか、その辺は、はなはだ微妙である。

海賊衆は、船舶などの器材とそれを操る特殊技術を合わせて売っていたわけだが、特殊技術を〈売り物〉にしたのは、伊賀《いが》（三重県）、甲賀《こうか》（滋賀県）などのいわゆる「忍者」たちである。彼らは、各地の諸侯の下で働いているが、この場合には、傭兵としての性格ははっきりしている。

〈傭兵集団〉根来衆と雑賀衆の真実

一方、学者や物書きに、しばしば〈傭兵集団〉というレッテルを貼られている団体もある。紀州の根来衆と雑賀衆である。別の項でいったように、前者は新義真言宗本山根来寺の衆徒（僧兵）を中核とする集団、後者は紀ノ川下流域の土豪たちの集まりである。

この二集団については、私も少し調べてみたので、ある程度自信をもっていえるのだが、こうしたレッテルは少し怪しいところがある。

根来衆が〈傭兵集団〉とされる根拠は、国内史料よりも、むしろ宣教師などの書いたものにある。たとえば、ガスパル・ビレラは、一五七一年十月（元亀二年九月）、ゴアから本国に送った書簡の中で、根来衆について「其職は戦争にして、日本の諸国に戦争多きが故に金銭を以て彼等を雇入《やとい》る」と書いている（『耶蘇会士日本通信』）。

ルイス・フロイスも根来衆が壊滅した後の一五八五年十月（天正十三年閏《うるう》八月）、長崎からイエズス会総会長に出した書簡で「日本の諸侯が都付近の国において戦う時は、この坊主等（根来衆）を雇用する。彼等は甚《はなは》だ戦争に巧《たくみ》で、常に練習し、火縄《ひなわ》銃及び弓矢に達している」と述べている（『イエズス会日本年報』）。

こういうものを踏まえて、多くの人が根来衆を〈傭兵集団〉だったというのだが、根来衆の戦歴を子細に洗ってみると、少しおかしいな……ということになる。たしかに、彼らは畿内南部を中心に多くの戦闘に関わっているが、それらの大部分は、**単純に金銭目当てというよりも、自分たちの勢力圏や権益を守るためのものだった**と解される。地元出身の歴史学者熱田公《あつたこう》氏も、根来衆は原則として諸侯の傭兵になったことはなく、和泉（大阪府）、河内（同）一帯に拡散していた根来寺の権益を守るために出兵していたのではないかと見ていた（『雑賀一揆と根来衆』）。

根来衆の大規模な軍事行動で傭兵活動ではないかと疑われるものとしては、わずかに石山合戦（一五七〇～八〇）中に、織田信長の側に参戦したことがあるくらいである。だが、信長からいくら報酬をもらったという証拠もないし、これも自分たちの権益を守るための選択であった可能性が高い。

根来衆全体の行動としては、そういうことだが、構成員が個人あるいは小グループで出て行って、諸侯の下で働いた事例はいくらもある。ずいぶん遠国まで出て行って、鉄砲をもって活動したりしている例もある。これらは、**鉄砲の操作、鉄砲衆の運用といった技術を生かした傭兵活動**と見るべきだろう。

雑賀衆の傭兵活動については、『戦国鉄砲・傭兵隊』という著書の中で書いているので、詳細はそちらに譲るが、彼らの戦歴として有名なのは、石山合戦の際に本願寺方の主戦力となって織田信長と戦ったことである。これを傭兵活動と解釈している人がいるが、それは当たらない。雑賀衆のすべてが本願寺の門徒だったわけではないので、一部の人が主張するように、**信仰心から参戦したとばかりはいえないが、さりとて本願寺から経済的な見返りを受けたという事実も見出せないのである。**

ということで石山合戦は、その例とならないが、彼らの場合には、根来衆と違って、明らかに集団として他国へ出て行って、傭兵活動をしている例がいくつかある（「昔阿波物語」など）。その意味では〈傭兵集団〉といえばいえるかもしれないが、それで食っていけるほど、頻繁にそういう機会があったとは思えない。

なお、雑賀衆の構成員が個人的に、あるいは小グループとして、他国に出て行って傭兵活動を行っていた事例はある（「佐武伊賀《さたけいが》働書《はたらきのしょ》」）。これは根来衆の場合と同じである。

偏見を持たれがちだが、最後まで戦い抜く

傭兵については、なんとなくうさん臭くて信用できない連中というイメージがずっとつきまとっている。こういう感覚は古くからあって、たとえば大久保彦左《おおくぼひこざ》衛門《えもん》は、その著「三河物語《みかわものがたり》」の中で、他国からやってきた傭い兵のような奴らは役に立たない、在地の人間でしかもずっと主従関係にあった譜代の人間でなければ頼りにならないと口をきわめていっている。

もちろん、これは真実とはほど遠い。この時代にも**他国から来た傭兵が約束を守って戦い抜いた例はいくらもあるし、譜代の人間が利害打算からおかしな行動**

に出た事例も山ほどある。だいたい、譜代の家臣がそんなに頼りになるものなら、豊臣家や徳川家の末路はあんなみじめなことにはならなかったはずである。

豊臣家の場合、徳川家康との対決となったとき、秀吉子飼いの大名などは誰一人味方にならず、元から大坂城内にいた譜代の直参《じきさん》たちもほとんど役に立たなかった。結局、最後まで奮闘したのは真田幸村《さなだゆきむら》（信繁《のぶしげ》）、後藤基次《ごとうもとつぐ》、毛利勝永《もうりかつなが》といった人たちに代表されるような牢人（浪人）衆であった。彼らがきわめて傭兵性の強い存在だったことは、すでに触れたとおりである。

徳川家の場合も、幕府の瓦解《がかい》に際して命がけで戦った者には、本来の幕臣ではなかった人間が不思議なほど多かった。たとえば「新選組《しんせんぐみ》」などというのは、多くが一身の栄達や金銭が目当てで集まった者たちだったから、明らかに傭兵集団だったが、最後まで幕府のために戦い抜いた。そうした例はほかにもあるが、これに対して、俗に「旗本八万騎」といわれるほどたくさんいた直参連中の中で幕府に殉じた者は、決して多くなかった。

事実はそういうことだが、もともと大久保彦左衛門のような感覚が根強くあったうえに、明治以降になると、ヨーロッパ人の傭兵観が入って来たために、傭兵というものに対する誤解や偏見は、ますます増幅されることとなった。

ヨーロッパでは、傭兵の評判は今もってよろしくない。彼らは有能でも勇敢でもなく、頼りにならないくせに、悪さをするだけのろくでもない存在であったと見られているのである。こうした認識を振りまくのにもっとも〈貢献〉したのは、イタリアの政治学者マキャヴェリ（一四六九～一五二七）ではないかと思われるが、彼のような傭兵観は、ヨーロッパ人だけでなく、日本人の間にも影響を及ぼしているのである。

実は、マキャヴェリ的傭兵観は、今ではヨーロッパの学界では否定されつつあるし、彼が自分の主張に都合のよい記述を並べていることも軍事史家によって指摘されている（T．ロップ【近代社会における戦争】）。

傭兵に問題が多かったことは事実としても、マキャヴェリが主張するように、地元で徴募した兵士なら信頼できるかというと、そういうものでもない。だいたい、それでは戦争ができないから、傭兵が重宝されたのである。

中世軍事史の大家であったイギリスのチャールズ・オーマンという人は、封建騎士を主体とするような軍隊では将士に訓練を施して規律に服させるのは大変だったから、士気の点では劣るが、訓練については従順な傭兵を使うようになったのだといっている（【中世の戦法】）。もっとも、オーマン氏の著作の編集に当たったアメリカのジョン・ビーラー氏は、傭兵は、封建制下の騎士たちよりもずっと忠実だったし、他の種類の兵士たちにくらべても、勇気や士気の点で劣ることはなかったといっている。

ただし、ビーラー氏は、きちんと給料が支払われている限りそうだったという前提条件を付けている。この点については、オーマン氏も、外国人の傭兵は、なにかと不愉快な存在であったかもしれないが、給料がきっちり支払われている限り信頼できたと〈保証〉している。

こうした傭兵が出現したのは、十二世紀の半ば近くだったというのがオーマン説だが、もう少し早くから受け入れられ、組織化されるようになったという説もある。ただ、それが大きな意味を持つようになったのは、十三世紀後半のことだったという（M・マレット【傭兵】）。組織化された傭兵の軍団は次第に拡大強化され、ヨーロッパの戦争は、相続の争いであれ、宗派の対立であれ、「国際的な戦争請負業者」である傭兵隊長によって担われるようになった（マイケル・ハワード『ヨーロッパ史における戦争』）。

POINT

・戦国時代において、傭兵になったのか、臣従したのか、同盟ないし提携したのかといった線引きは一概にはできない。
・金銭目当てで信用ならないように思われがちな傭兵だが、実際は約束を守って最後まで戦い抜いた例はいくらもある。

第二章　兵種の区分はどうなっていたか

一　区分のあり方――兵隊は、一通りではなかった

徒歩兵には役割分担があった

戦国時代の兵種の区分といっても、近代の軍隊のように明確なものがあったわけではない。旧日本陸軍の場合、戦闘部隊を意味する兵科兵に属するものは最終的には一八種に及んだというが、歩兵、騎兵、砲兵、工兵、輜重兵《しちょうへい》の五種は、明治の建軍当初から存在した。ほかに技術、衛生関係の兵種もあった。海軍は、もちろん、これらとは別である。

戦国の軍隊は、陸上軍の場合、騎馬の士と徒歩の兵士に大別される。騎馬の士については、これを安易に「騎兵」などと称することが多いが、明治以後の兵種としてあった騎兵とはまったく違うものである。徒歩の兵士と近代の兵種にある歩兵も、もちろん別ものであるが、騎馬の士と近代騎兵の間柄よりも、その間の距離はやや近いかもしれない。これはヨーロッパの軍隊についても同じである。いずれにしても、近代のそれになぞらえて兵種のようなものが考えられるとすれ

ば、徒歩の兵士のほうだけである。

徒歩の戦闘員については、弓兵、鉄砲兵、槍兵《そうへい》があったことはわかるが、軍役《ぐんやく》関係の史料や江戸時代前期にできた「雑兵物語《ぞうひょうものがたり》」などを見ると、徒歩の雑卒《ざつそつ》には、まだまだ細かい役割分担のようなものがあったことがわかる。ただ、それらの中には、戦闘員の範疇《はんちゅう》には入らないと見られるものもあるので、とりあえず弓兵、鉄砲兵、槍兵に旗（旗持ちの兵士）を加えた四種の兵士について考えてみたい。なお、それらが一軍に占める比率については、別に四項で取り上げる。

弓兵、槍兵、鉄砲兵の別は、使用する武器の相違によるものであるが、これらの武器は、徒歩兵だけが用いたものではない。したがって、こうした〈兵種区分〉を扱う武器の違いによるものだとして見てしまうと、ちょっとした〈落とし穴〉に陥りかねない。**弓、槍、鉄砲は、騎馬の士も徒歩の兵も共通して用いたものであった。**

弓兵・槍兵・鉄砲兵・旗持ち

まず弓を扱った者から説明させていただくと、弓というのは古くから武士の表《おもて》道具《どうぐ》のようなものであった。というより、本来、「武士」とされたのは、「弓馬《きゅうば》の芸」（馬上からの射芸）を家の芸とするような者たちであった。そうした記憶は長く続いて、江戸時代の故実家伊勢貞丈《いせさだたけ》は、古くは弓を持たずに馬に乗る者はいなかったと記しているくらいである（『貞丈雑記《ていじょうざつき》』）。

馬上の武士が必ず弓を携えたのは、別にお飾りではなく、それが有効な武器だったからでもあるが、時代が下がるにしたがって、徒歩の兵士も弓を用いることが多くなった。ここから弓兵といったものが生まれてくる。

南北朝・室町の頃になると、こうした徒歩の弓兵が集団的に戦場に投入される機会も増えてきた。**戦国時代には、弓を扱うのは徒歩兵のほうがずっと多くなったが、**藤堂《とうどう》家のような新興大名の家で、士分の「弓役」を多数置いていたような例もあるから一概にはいえない。

弓を携えなくなった騎馬の士は、次第に槍（鑓《やり》、鎗《やり》と書かれることが多い）を装備するようになり、これが表道具のようになる。「槍一筋《やりひとすじ》の家」などという言い方は、そこから出ている。その一方、徒歩の槍兵も増加して、徒歩兵の中でも大きな比率を占めるようになるが、士と兵では槍の仕様が少し異なっていた。

徒歩の兵士が用いるのは、たいてい「長柄槍《ながえやり》」などと呼ばれる長めのものであって、刺突《しとつ》というより、密集していわゆる「槍衾《やりぶすま》」をつくったり、振り回して叩き立てたりするためのものであった。これに対して、**士分の者たちは、手槍、持槍などといわれる短めのものを用いるのが普通**であった。ただ、使用に当たっては、もっぱら刺突だけを心がけていたわけではなく、振り回して相手を叩き倒そうとすることも少なくなかった。

鉄砲は、だいたい徒歩の兵士が用いていたというのが通念だが、士分の者も用いなかったわけではない。ただ、この場合もまったく仕様の同じものを使ったとは限らない。馬上で扱える「馬上筒《ばじょうづつ》」などというものもあったが、これは明らかに士分用である。

さてここまでは、誰でも容易にわかる区分だが、それ以外に**「旗」あるいは「旗持《はたもち》」というものがあった。**馬印《うまじるし》や幟旗《のぼりばた》を持つ者たちである。**馬印というのは主将の所在を示すもの**で、豊臣秀吉の瓢簞《ひょうたん》、徳川家康の金扇《きんせん》といったようなものである。なお、秀吉の馬印が千成《せんなり》瓢簞だったというのは俗説で、実際には、大きな瓢簞を逆さに立てたものだった。**幟旗もいろいろあったが、一家、一隊の**

識別のために立てられるのが普通である。

こういうものを扱う兵士だから、後世風にいえば「旗手」というところだが、主人の指物《さしもの》をかつぐ者などもいた。指物は個々の士が識別のため背に負ったもので、旗の類《たぐい》が多かったが、あれこれ意匠を凝らしたものも少なくなかった。いつも背負っていては大変だから、行軍中などは従者にかつがせる者も多かったのである。ヨーロッパの騎士たちは紋章などを付けた盾《たて》を必ず携えたが、常に手にしているわけにはいかないから、盾持ちの従者を連れていたのと同じである。

馬印にしろ、幟旗や指物にしろ、それ自体は武器としての用途があるわけではないから、それらを持つ者は非戦闘員と考えたくなるが、軍役関係の史料などを見ていると、当時の感覚としては戦闘員にカウントしていたようである。

馬印や指物は一人で扱うのが原則だが、旗や幟などは大きなものとなると、何人も充てなければならないから、それやこれやで「旗」関係の人数は相当なものになった。軍役史料で見ると、北条家では戦闘員の六・七パーセントが大小の旗持ち、五・一パーセントが指物持ちとなっている。武田家では、それぞれ六・一パーセントと〇・五パーセントである。上杉家は大小の旗持ちのみ六・一パーセントだが、指物持ちが挙がっていないのは、私的な従者として扱い、軍役の対象にはカウントしなかったのかもしれない。

旗、幟や指物は、景気づけにはなったに違いないし、部隊や個人の識別のためにも必要であったかもしれないが、直接、戦闘に効果があるわけではない。それなのに、なぜこれほどの人員を割《さ》かねばならなかったのか、私には謎である。

それ以外の〈兵種〉

後世の歩兵科の範疇に入りそうなのは、弓、槍、鉄砲、旗の四種だが、このほかに軍役関係の史料には明確な形では出てこないものの、長巻《ながまき》を装備した兵士などが考えられる。長巻は、薙刀《なぎなた》の柄《え》を短く、刃を長くつくったようなもので、大太刀の一種である。騎馬の士、徒歩の兵を通じて、意外に多く使用されていたようである。

長巻装備の兵士で一隊をつくったと見られる例としては、「関ケ原《せきがはら》合戦図屏風」（岐阜市歴史博物館蔵）に描かれた「島津大太刀組衆」がある程度である。この屏風は、余り考証がたしかなものとも思えないので、これだけでは証拠にならなない。ただ、織田信長が長巻兵を一〇〇人揃えていたとか（『甫庵太閤記《ほあんたいこうき》』）、徳川家でも長巻を携えた兵士を何百人か揃えていた（『甲子夜話《かっしやわ》』など）という話がある。それらは事実だったのか、他家はどうだったのかというのが、私にとっては、いまだ〈宿題〉である。

わが国では、**鉄砲は広く用いられたが、大砲の使用は余りなかったというのが通説**である。それは誤りではないが、絶対数としては、使用例も少なからずある。ことに大坂冬の陣（一六一四）では相当数が用いられた。

当然、大砲を操作した者も多数いたわけであるが、彼らはどういう区分に入るのだろう。鉄砲隊などの兵士が〈転用〉されていただけなのか、後世の砲兵に該当するような形で特化されていた例があるのか、私は調べてみたことがないのでわからない。

後世の工兵に当たるような存在もあった。武田信玄の「新衆《しんしゅう》」などは、明確な例である。領内の名主や長《おさ》百姓の次、三男などを集めて部隊を編成し、道路の築造、森林の伐採、架橋、陣小屋造りなどに当たらせたというから、まさに工兵であるが、当時の感覚では戦闘員とは見ていなかったようである。

　そうした**土工作業だけではなく、敵地での放火、作物荒らし、分捕り（略奪）などにも使われていた**という。彼らが掠《かす》め取ったりしたものは、一定量を現物あるいは金銭に換えて分配したので、よく働いたと高瀬《たかせ》羽皐《うこう》氏が記している（『名将武田信玄』など）。稼ぎになるというので、彼らが喜んで働いていたことは、「甲陽軍鑑《こうようぐんかん》末書」などにもある。

　具体的な利益で釣って働かせるとは、いかにも信玄らしい工夫だが、これに似たようなものは、他家にもあった。信玄の模倣かどうかはわからないが、徳川家で「黒鍬者《くろくわもの》」などと呼んでいたのも、やはり土工兵である。

輜重兵《しちょうへい》に当たる者は、「小荷駄《こにだ》」などと称して、どこの家にも存在したことはよく知られている。そうした者の比率がかなり高かったことも、すでに触れたとおりである。なお、**近代の軍制では、工兵も輜重兵も戦闘部隊の構成員とされていたことは冒頭でいったとおりだが、戦国時代には、ともに非戦闘員の扱いだったようである。**

POINT

・戦国時代の騎馬の士は、兵種とはいえないが、徒歩兵には弓、槍、鉄砲で戦う者や旗や指物を持つ者もいた。
・土工兵や輜重兵は、戦国時代には非戦闘員の扱いだった。

二　騎馬武者と騎兵の違い――『坂の上の雲』の秋山好古も知っていた

騎馬武者と近代騎兵を区別できているか

これは、私としてはわかっているつもりなのだが、一部の学者・研究者を含めて世間の人にはなかなかわかってもらえないという種類の問題である。

司馬遼太郎氏の『坂の上の雲』の一節に、騎兵隊をつくるのに苦労していた秋《あき》山好古《やまよしふる》が、弟の真之《さねゆき》に向かって、騎兵とはどういうものかを理解できる者が陸軍首脳の中にいないとぼやく場面がある。そのこと自体は司馬氏の創作であるかもしれないが、私も同じような悩みを秋山好古と共有しているのである。

幕末、洋式戦術が紹介されたとき、幕府の担当官が〝騎兵とは騎乗の士のことか〟とフランス人の教官に尋ねたという。そういうことを踏まえて、司馬氏は、日本では騎兵とは上士の集団であると理解したため、「よくわからぬまま幕府も大名も騎兵をもたぬまま維新を迎えた」とも記している。

わずかに土佐藩だけが維新後に日本中に先駆けて二個小隊の騎兵を持っていたというのだが、これは少し筆の走りすぎというものだろう。幕府は、維新前にフランス式の騎兵隊訓練を始めていて、その情景を描いたものも残っている。その他、薩摩《さつま》（鹿児島県）の島津斉彬《しまづなりあきら》や紀州《きしゅう》（和歌山県）新宮《しんぐう》の水野忠央《みずのただなか》なども、実験的にではあるが洋式騎兵の訓練を行っている。

ただ、全般的にいえば、**中世的な騎馬武者と近代騎兵の区別がつかない状況は、今日にも及んでいる**。だから、武田の「騎馬軍団」が長篠《ながしの》で「密集突撃」をかけたなどと、大真面目《おおまじめ》に書いたり、しゃべったりしている人たちが、いまだに大勢いるのである。

こういう人たちは、騎馬兵中心の武田軍は、鉄砲兵中心の織田勢に大敗したなどという。それが一種の戦術革命だったかのようなことをいいたがるのだが、それなら、長篠の戦いの後、時代遅れになった騎馬武者はどうなったというのか。そのまま消滅してしまったのか、人員を減らしたのか、それとも新たな事態に対応できるようなものに変わったのか、それを説明してもらわなければならないが、そういった点に言及された例はない。というより、そもそもそんな疑問を抱かれることすらないようだ。

騎士、騎馬武者、近代騎兵

仕方がないから、私が代わって説明させていただくが、**わが国では中世的な騎馬武者が幕末、明治維新に至るまでずっと存続した**。もちろん、原則として一定の地位、身分にある者だけが乗馬することが前提になっていて、それらの者は馬に乗って出てくることが軍役として義務付けられていた。

ヨーロッパでも、ご承知のとおり「騎士」に代表されるような中世的な騎馬兵が長らく存在して、ある意味で戦場を支配していたが、火器が普及してくると消滅に向かった。そのあとに登場してきたのが近代的な騎兵である。つまり、わが国とは違って、役に立たなくなった中世的な騎馬兵が温存されることはなく、まったく違うタイプの騎馬兵に置き換えられたというわけである。

近代的な騎兵は、火縄式《ひなわしき》の小銃が普及した後の十六世紀後半に原型がつくられて次第に進化し、火縄式に代わって燧石式《すいせきしき》の小銃が汎用《はんよう》されるようになった後も、長く戦場で猛威を振るった。フリードリヒ大王やナポレオンが駆使《くし》したのは、そういう連中である。それが衰退するのは、小銃が発達した結果である。火縄式にしろ、燧石式にしろ、前装滑腔銃《ぜんそうかつこうじゅう》、つまり先込め式で銃身に螺旋《らせん》のないものだったが、それらに代わって後装施条銃《こうそうしじょうじゅう》、つまり元込め式のライフル銃が普及したため、騎馬では対抗できなくなったのである。

わが国では、そうした過程を経ることなく、**幕藩体制の崩壊まで続いた中世的な騎馬武者が一挙に消滅した**。そこへにわかに当時としては最先端のヨーロッパ風の「騎兵」が導入されたのだから、誰もよくわからなかったのは当然である。司馬氏の描いた秋山好古がぼやく場面も、単なる虚構とはいえないのである。

ヨーロッパ中世の騎馬兵と近代騎兵の相違は、装備の違いといったものではない。近代の騎兵は、一時、火器を使ったこともあるが、後には槍や刀を携えるようになった。そうした点だけを見れば、大した違いはないではないかということにもなりそうだが、もっと本質的なところに相違があった。

それを簡単にいえば、**中世的な騎馬兵が一定の資格を持った個人としての戦闘

員であるのに対し、近代騎兵は戦術的な単位の一員として働けるような騎馬の兵士だということになる（H・デルブリュック【近代戦の黎明《れいめい》】）。わが国の騎馬武者と近代騎兵との関係についても、まったく同じことがいえる。

軍役に基づいて馬に乗って出てくるのは、軍役負担者である主人か将校クラスの者たちである。「騎兵」は兵種だが、騎馬武者は兵種とはいえないといったのは、そういう意味である。したがって、そうした騎馬武者を寄せ集めてくれば、ナポレオン映画や西部劇に見るような「騎兵隊」ができあがるというものではない。武田の「騎馬軍団」だの「騎兵隊」だのという人たちは、そうした根本的なところを間違えているとしか思えない。

騎馬の兵士が戦術的な存在であるためには、定められた装備をし、共同生活をし、共通の訓練を経て、集団的な規律に服することが必要である。だが、武田家のように軍律にやかましかった家でも、軍役を課するに当たって、装備についての注文をつけたくらいで、共通的な訓練が施《ほどこ》されていたかどうかは疑問である。おそらくそうしたことは、どこの家でも行われていなかっただろう。

騎馬武者は、独立した戦闘員であったに違いないが、それは独立して行動でき

たという意味ではない。上士である彼らは、必ず何人かの私的な従者を連れていたし、そういう者がいなければ思うように活動できなかった。ことに馬丁《ばてい》の存在は重要であった。これは一つには、去勢《きょせい》の風習がなかった日本馬の扱いが難しかったことなどとも関連しているが、ヨーロッパの騎士たちだって、従者を連れていなければ動けなかったことは同様である。

アメリカ南北戦争（一八六一～六五）のとき、南北両軍とも敵の背後に騎兵隊を潜入させて後方攪乱《かくらん》を図るようなことをやり、それが映画の題材にもなっている。日本でも日露戦争（一九〇四～〇五）のときに、騎兵だけの挺進隊《ていしんたい》を出して敵地の橋梁《きょうりょう》爆破などが行われた。それが『敵中横断三百里《てきちゅうおうだん》』（山中峯太郎《やまなかみねたろう》）という物語になり、戦後も映画化されたりしたが、中世的な騎馬武者には、そんな挺進行動など考えもつかないことだった。

POINT

・騎馬武者は独立した戦闘員だったが、何人かの従者を伴って活動するのが普通だった。
・中世的な騎馬武者は、幕藩体制の崩壊まで存続した。

三　馬に乗れた者、乗れなかった者――そこには、はっきりした線引きがあった

家によって違った、馬に乗れる資格

前項でいったように、戦国時代には、騎乗することを許された者は原則として限られていて、かなり大まかにいえば**指揮官ないし士官クラスの者**が、それに該当した。そこまではよいのだが、具体的にどの範囲にまで及んでいたのかとなると家によってかなり相違があったようである。

武田信玄が永禄《えいろく》十年（一五六七）十月、分国に出した軍令（「三州古文書」）には、「物主《ものぬし》 并《ならびに》 老者病者」以外は乗馬してはならないが、物主つまり指揮官の判断でそれ以外の者を騎乗させてもよろしいともある。老人や病人、指揮官が特に認めた者は例外として、原則として指揮官だけが騎乗するということである。なるほどと思うが、指揮官といっても、上級から下級までいろいろあるわけだし、身代もそれぞれ違っていたから、どこかで線引きしたのかもしれない。

彼らにとって馬に乗ることは特権であると同時に義務でもあったから、軍役の

課し方を見れば、見当がつきそうに思ったが、それも簡単ではないようだ。前章二項で触れたように、そもそも各家の軍役の状況というのがよくわかっていない。わかっているほうでは、小田原の北条家などは、かなり多くの史料を残しているが、基準は必ずしも一定していなかったようだ。

北条家では、知行高《ちぎょうだか》三〇貫文から四〇貫文につき騎馬一騎を課していたようだというが、賦課《ふか》の基準と騎乗の許される基準は同じではない（佐脇栄智《さわきえいち》「後北条氏の軍役」）。最低八貫二五〇文くらいでも、騎馬で出てくることを求められている事例もある（「武州《ぶしゅう》文書」）。

明智光秀は、綿密に軍法を定めていたといったが（第一章二項）、彼が天正《てんしょう》九年（一五八一）に定めた家中の軍役では、一〇〇石から五〇〇石までが馬上一騎となっている（「丹波御霊神社《たんばごりょうじんじゃ》文書」）。この一騎は、軍役の対象となる本人のことであろうから、一〇〇石以上は騎乗するということだったと見てよいのではあるまいか。

もっと時代が下がると、たとえば、紀州の浅野長晟《あさのながあきら》が慶長《けいちょう》二十年（一六一五）の大坂夏の陣のときに示した軍役がある。それによると、二〇〇石から三〇〇石までの者から「馬壱《ひと》ツ」を課している（「浅野家文書」）。これも本人が乗って出て来いということだから、二〇〇石以上の侍は馬に乗れた、あるいは乗らねばならなかったということであろう。

同じ頃、長州《ちょうしゅう》（山口県）の毛利《もうり》家が出した「大坂陣武具定付立《さだめつけたて》」（「毛利家文書」）にも、二〇〇石から「馬壱匹《いっぴき》」とある。それ以前の慶長十三年（一六〇八）に毛利輝元が出した「法度《はっと》案」（右同）にも、「一、弐百石よりは乗馬之事」とある。こうした事例を見ると、戦国時代も終わるころには、二〇〇石から騎乗するというのが〈相場〉になっていたと理解してよいのだろうか。

しかし、加賀（石川県）の前田家などは、一〇〇石以上の者は乗馬するよう義務づけていたようである（「軍役古今通解《ぐんやくここんつうかい》」）。これを守らせるのはけっこう大変だったようで、藩のほうから馬を貸し与える制度もあったらしい。実は、さきの毛利家の定めには、一〇〇石以上の者も心がけ次第で騎乗を認めるという趣旨の付則がある。乗馬の義務ではなく、権利の範囲を拡大したということなのだろう。

これは幕末の事例だが、水戸藩では、二〇〇石以上の士は馬を持たねばならないことになっていたけれども、実際に持つ者は少なかったという。徳川斉昭《なりあき》が改めて二〇〇石以上の者に必ず馬を飼うことを命じたというから、この場合にも二〇〇石が目安だったことになる。二〇〇石から二五〇石までの者には、馬金として年五両を与えたというから、基準どおり実行させるのは、やはり大変だったのである（山川菊栄《きくえ》『覚書《おぼえがき》・幕末の水戸藩』）。

もっとも、山川女史と同じ水戸出身の高瀬眞卿《しんけい》（羽皐）氏は、水戸藩では一〇〇石以上は馬に乗る定めになっていたといっている。しかし、無役の者は、平生《へいぜい》馬など飼っていないし、馬上で務めなければならない役に就いていても、必要があるときは藩の馬を借りる者も多かったともある。馬の飼育料についても、一律に年間金一枚が出たという（『水戸史談』）。かなり食い違いがあるが、どちらが本当なのかはわからない。

水戸藩だけではなく、騎馬の士を確保しておくためには他の藩でもけっこう苦労していたらしい。それというのも、各大名家は幕府から課せられる軍役にこたえられるだけの人数や装備を常に保持していなければならなかったからである。そのため、会津藩（福島県）などいくつかの藩でも、家中の騎馬の士に馬の飼料（馬扶持《うまぶち》）を給付する制度をつくっていたし、盛岡藩（岩手県）、仙台藩（宮城県）

などの諸藩では騎馬の士がちゃんと馬を飼っているかどうかをチェックするための「役馬改」という制度を設けていた（久保田正志「騎馬の士の確保施策としての役馬改制度の実態」ほか）。

例外的に騎乗を許された者たち

具体的にはわからないことが多いが、乗馬できる者とできない者を分かつ基準は、どこの家にもあったと見てよいだろう。だが、原則があれば例外もある道理で、本来なら騎乗の資格のない者にそれを認めた事例もいくつかある。私の確認した限りでは、物主が特に認めた者は別として、それ以外に三類型くらいあるようなので、参考までにお示ししておきたい。

まず、一つの類型として、武田信玄の軍令にある**老人や病人を特別に扱う**というものがある。これ以外には見ていないが、紙に書かれたかどうかは別として、他の家でも似たようなことは行われていたのではあるまいか。

二つ目の類型として、戦闘上の必要から本来なら騎乗する資格のない者を馬に乗せることがあったようである。元亀《げんき》二年（一五七一）、武田信玄が遠州《えんしゅう》（静岡県）

高天神城《たかてんじん》を攻めたとき、城主の小笠原信興《おがさわらのぶおき》が「馬足軽」を懸けてきた体が見事であったと『甲陽軍鑑』にある。長久手《ながくて》の戦い（一五八四）のとき、徳川家の本多《ほんだ》忠勝《ただかつ》が「馬足軽」を使って、羽柴勢に挑戦したという話もある（「小牧陣始末記」など）。いずれも実態は定かでないが、**足軽身分の者を便宜上馬に乗せて、敵に挑戦させた**ということであろうか。

「馬足軽」については、小田原の北条家の史料には、「馬上之あしかる（足軽）衆」という文言のあるものがあり（「吉田系図」）、下野《しもつけ》（栃木県）佐野城の戦い（一五八五）で北条家の軍勢が、馬足軽を動かしたという話もある（「当代記」）。ただ、この家の場合、「足軽」とされている者の中には、侍身分の者と中間《ちゅうげん》・小者身分の者とがあり、前者には、騎馬兵も徒歩兵もいたというから、あるいはそういう者を指しているのかもしれない（則竹雄一「戦国期足軽考」）。

三つ目の類型として、**馬に乗れるほどの身代ではない者に**〈**勲章**《くんしょう》〉**のような意味で、乗馬を許している例**がある。細川家の重臣・松井康之は、豊後《ぶんご》（大分県）木付《きつき》（杵築）城の戦い（一六〇〇）で戦功のあった軽格の武士たち何人かに加増するとともに「馬ニ乗せ申候」こととした（「松井文庫所蔵文書」）。たとえば、そのうちの一人は切米《きりまい》一〇石という軽輩《けいはい》だったが、二〇石加増されたうえ、乗馬を許されている。これに類することは、他家にもあったようである。

POINT

・戦国時代に騎乗を認められたのは、原則として指揮官ないし士官クラスの者。
・老人や病人のほか、戦力として期待できる者や戦功のあった者に勲章の意味合いで騎乗を許す場合もあった。

四　各兵種の比率──史料が教えてくれる意外な実態

上杉家は接戦用の装備をした兵が多かった

戦国時代にも、兵種のようなものがあったことは一項で述べたが、それらの比率はどうであったかという問題である。総人員あるいは戦闘員の総数とその内訳が明示されているような史料は意外に少ないので、これでよいといえるような数値はつかんでいないが、問題提起の意味をこめて、わかっている範囲でお示ししておきたい。

戦国大名の家で動員可能な兵力を内訳まで記したものとしては、越後《えちご》（新潟県）の上杉家に天正三年（一五七五）の軍役帳（「上杉家文書」）が残されている。

それによると一門、国人《こくじん》、譜代《ふだい》・旗本《はたもと》など三九人の部将の下に五五一四人がいたことになる。もっとも、この軍役帳に載っていない部将もいるということだから、そこにある人数が総兵力ということはできない。その意味では、中途半端《ちゅうとはんぱ》なものともいえるが、私が注目したのは、むしろ五五一四人の内訳のほうである。

この人数は、**馬上、手明《てあき》、鑓（槍）、鉄炮（鉄砲）、大小旗、弓という六種**に区分されている。馬上はもちろん騎馬の士のことであるから、それ以外は、槍兵、鉄砲兵、弓兵、旗持ちの兵などに区分されていたことになる。問題は「手明」であって、これを輜重関係の兵士と解した人もいるが、おそらく装備の特定されていない徒歩の武者のことであろう。そうであれば、当時の感覚では戦闘員と見られる者だけを掲げていることになる。

そこでその比率を多い順に並べてみると、槍六五・四パーセント、手明一一・八パーセント、騎馬一〇・三パーセント、大小旗六・七パーセント、鉄砲五・七

■ **上杉家の兵種内訳(5514人)**

※「上杉家文書」天正３年(1575)の軍役帳より

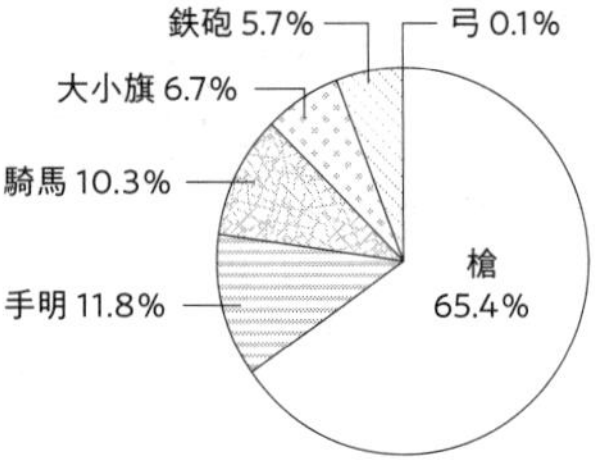

パーセント、弓〇・一パーセントとなる。「手明」とある者は、おそらく槍か、上杉家で好まれた長巻などを用いたと思われるし、騎馬の士は指定されていなくても槍を携えるのが普通であるから、**接戦用の装備をした者の比重がきわめて高かった**ことはいえる。

鉄砲兵が比較的少ないのも、上杉家の場合には不自然なこととは思えないが、問題は弓である。後に別の項で触れるが、戦国時代には、まだ弓が多用されていて、弓によって死傷した者も少なくない。ことに、上杉家のように鉄砲装備が遅れている場合には、弓の必要性は高かったはずなのに、〇・一パーセントという数値は、他の家に比較しても極端に低い。他の上杉関係史料にも弓に関するものはほとんどなく、その理由はわかっていない（則竹雄一「戦国大名上杉氏の軍役帳・軍役覚と軍隊構成」）。

〈騎馬軍団〉の武田家より騎馬武者の比率が高い北条家

上杉謙信の好敵手だった武田信玄の家の場合、永禄五年（一五六二）から天正六年（一五七八）までの期間の軍役状が十数点ある。時間的にとびとびなのが難だが、一応、使えると思われる。ただ、記載されている人数と軍役の対象となる者の関係が若干鮮明でないものがあるので、念のため、それらを除外して計算すると、計二二一四人となる。

この二二一四人は、ほとんどが戦闘員と見られるが、その比率は、槍四六・三パーセント、騎馬一二・一パーセント、持槍一一・七パーセント、鉄砲一〇・三パーセント、弓一〇・三パーセント、旗六・一パーセント、手明など三・二パーセントとなる。騎馬の士には、一例を除き「持鑓《もちやり》」各一人が課されているが、これは装備の指定というよりも、槍持《やりも》ちを連れて来いという意味であろう。

小田原の北条家の場合、元亀二年（一五七一）から天正十八年（一五九〇）までの間に、やはり総人数と内訳が明らかなものが三十数通ある。その多くは、天

■武田家の兵種内訳（214人）

※永禄5年（1562）から天正6年（1578）までの軍役状より

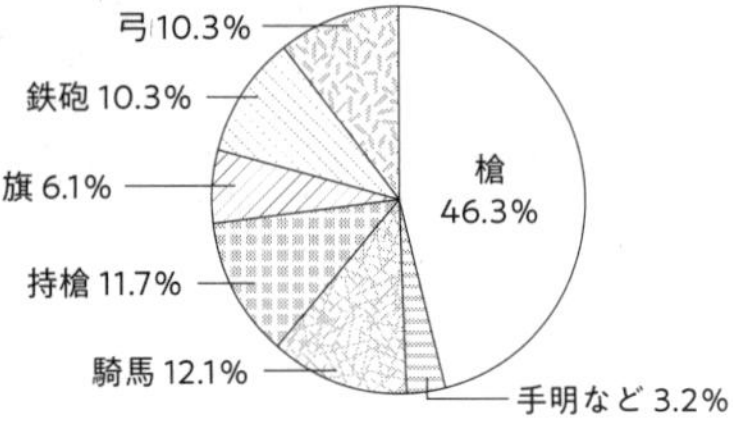

■北条家の兵種内訳（938人）

※元亀2年（1571）から天正18年（1590）までの軍役状より

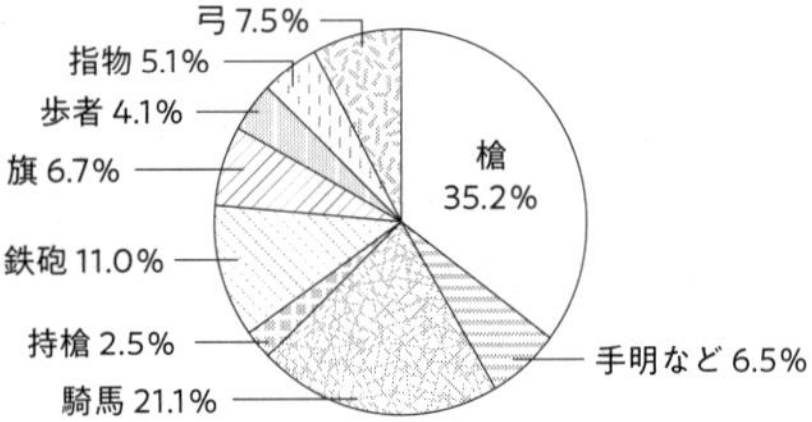

正九年（一五八二）以後のものであるから、戦国時代もかなり押し詰まってからの状況と見てよいだろう。

それらにある人数九三八人は、概ね戦闘員であろうが、内訳は槍三五・二パーセント、騎馬二一・一パーセント、鉄砲一一・〇パーセント、弓七・五パーセント、旗六・七パーセント、手明など六・五パーセント、指物五・一パーセント、歩者四・一パーセント、持槍二・五パーセントなどとなる。この家で課している「持鑓」も、意味は武田家の場合と同じだろう。騎馬の士は、指定の有無にかかわらず槍を携えたであろうことは、どの家も同じである。

条件が一様でないので、単純にはいえないが、上杉・武田・北条三家を比較してみると、**北条家の騎馬武者の比率は、上杉家はもちろん「騎馬軍団」などといわれる武田家よりもはるかに高い**ことが明らかである。これは意外な事実といえるだろうが、そうなった理由はわからない。

また、**上杉家は、二家にくらべて槍兵の比率がとび抜けて高い**が、鉄砲の装備率はかなり低く、弓の装備率は極端に低いというか、無に近いことは、すでに見たとおりである。これも意外な事実だが、なにかの理由で弓は軍役の対象とならなかったのか、実際にも装備されなかったのかはわからない。

豊臣大名の部隊編成も東国三家と大差はない

領域を接し、なにかと共通点も多かったと思われる東国の三家の間でも、これだけの相違があるのだとしたら、異なる地域ではどうだったのだろうかという疑問は、当然に生ずる。

■ 豊臣大名（立花統虎・高橋統増軍）の兵種内訳（1400人）

※文禄元年（1592）の朝鮮出兵の部隊の例（「立花家文書」より）

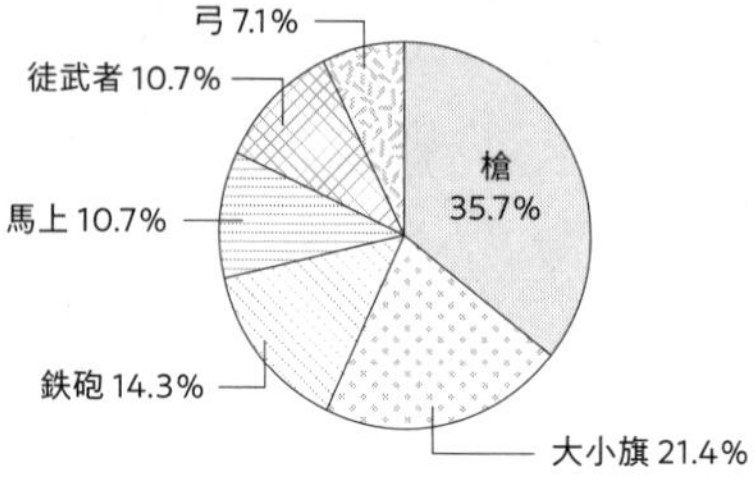

また、これらの三家は、学者や物書きの間では〈遅れた〉とされている家である。それなら〈進んだ〉家はどうだったのかということにもなるが、すでにいっているように、織田家などは、軍役関係の史料がほとんど残されていない。豊臣家の場合も、こうした比較に役立つようなものは乏しい。わずかに、前章六項で引用した立花統虎《むねとら》（宗茂《むねしげ》）・高橋統増《むねます》（直次《なおつぐ》）兄弟の部隊編成の例などがあるので、それによって見てみよう。

そこでもいったように、総人数三〇〇〇のうち一四〇〇人が戦闘員の扱いと見られる。その内訳は、槍三五・七パーセント、大小旗二一・四パーセント、鉄砲一四・三パーセント、馬上一〇・七パーセント、徒武者《かちむしゃ》一〇・七パーセント、弓七・一パーセントといった具合である。旗指物などに

■吉川家の兵種内訳（1192人）
※「毛利家文書」元和5年（1619）より

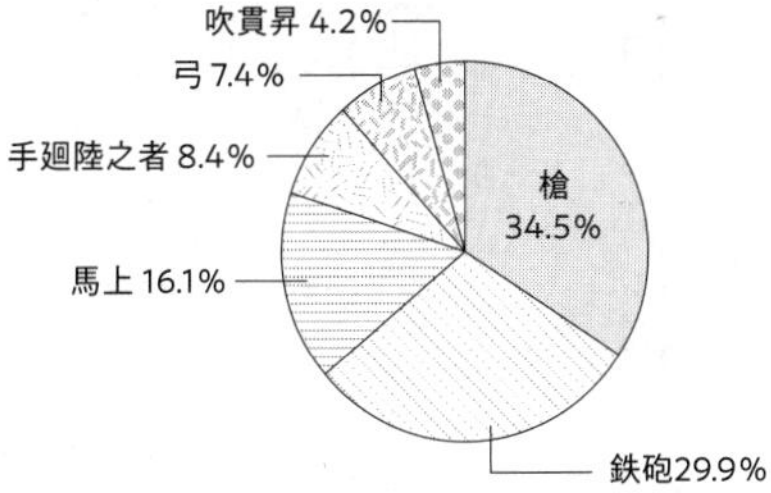

関わる人数がずいぶん多いという感じはあるが、それ以外は、この時点のものとして不自然なところはない。

これを前述の**東国の三家とくらべてみても、驚くような差異は見当たらない。**これもやや意外だが、ことに騎馬の比率などは、北条家は別として地域や時間を隔てているにもかかわらず、武田・上杉の両家と画然たる差は見出せない。秀吉配下の諸将の部隊編成は、だいたいそんなところだったと考えてよいのではあるまいか。

豊臣大名の事例ではないが、参考までに、前章で触れた元和《げんな》五年（一六一九）の周防《すおう》（山口県）吉川《きっかわ》家の人数書も見ておこう（「毛利家文書」）。一応、戦闘員と見られる一一九二人の内訳は、槍三四・五パーセント、鉄砲二九・九パーセント、馬上一六・一パーセント、手廻陸之者（徒歩兵?）八・四パーセント、弓七・四パーセント、吹貫昇《ふきぬきのぼり》（旗幟《きし》）四・二パーセントである。鉄砲の比率が高いのは、次項で触れるように慶長以後の一般的傾向といえるが、それ以外は大きな変化は認められない。むしろ、馬上の比率の高さが目立っている。

POINT

・上杉家は接戦重視、北条家は騎馬重視の傾向が見られる。
・〈進んだ〉家とされる豊臣配下の諸将の部隊編成は、東国三家と大差なかった。

五　兵種とその比率の変遷―動いたものと動かなかったもの

比率も中身も動かなかった騎馬

一項と前項で、戦国時代の軍隊には兵種区分のようなものがあったか、その比率はどのようになっていたかを考えた。今度は、それが時間とともに、どのように変化していったのかを考えてみたい。

戦国の軍隊は、すでに見たとおり、騎馬の士と徒歩の兵士に大別され、後者は主として槍兵、鉄砲兵、弓兵、旗持ちなどに分かれていた。こうした**基本的な〈枠組み〉のようなものは、戦国時代を通じてほとんど変わることはなく、幕末まで続いた。**したがって、変化が生じたとすれば、各兵種の中身がなにか変わったか、全体の中での比率に動きはあったかということである。

騎馬というのは、厳密な意味での兵種とはいえないことは、すでにお断りしたとおりだし、戦国当時のあり方が幕藩体制が終わるまでそのまま残ったことも、すでに申し上げたとおりである。

それでは全軍に占める比率は動いたかというと、それもほとんどない。前項で秀吉の天下一統が完了した後の立花統虎・高橋統増隊と戦国 酣《たけなわ》の頃の東国の三家の部隊を比較してみたが、少なくとも、武田・上杉両家と大きな開きはなかった。また前章六項では、吉川広正《きっかわひろまさ》の人数書を取り上げたが、そこでは戦闘員における騎馬の比率は、一六・一パーセントにも及んでいる。

騎馬主体の行き方は、長篠の戦い（一五七五）以降廃《すた》れたという人が多いが、少なくとも部隊編成の面からは、そういった傾向はまったく読み取れないのである。だいたい、軍役の体系などがそうなっているのだから、当たり前である。

わが国では中世的な騎馬武者が近代風の騎兵となることはなかったことは、さんざんいったとおりだが、そのチャンスがなかったわけではない。あとでまた触れるが、豊臣秀吉の朝鮮出兵のとき、日本軍は、明国《みんこく》の馬軍（騎馬部隊）と戦っている。彼らは、近代騎兵に近いもので、日本の士卒も驚きの目をもって見たが、模倣しようという動きはまったく出なかった。朝鮮出兵があういう中途半端な形で終わってしまったためなのか、それ以外の理由があったのかはわからない。

秀吉の朝鮮出兵以降、鉄砲が重視されるように

徒歩の兵士については、鉄砲兵の比率が次第に上昇していったこと、相対的に他の兵種の比率が低下したこと、ことに弓兵が著しく減少し、旗持ちもかなり減少したことが挙げられる。結論を先にいってしまえばそういうことだが、中身を少し整理してご説明しておきたい。

鉄砲兵の比率については、織田信長の軍隊などはきわめて高かったと、なんと

なく信じられているが、前章五項で触れたように、実際は意外に低かったようだ。長篠の戦いの例で見ると、そこで使用した総人数が通説どおり三万あったとすれば、鉄砲兵は多めに見ても、総人数の六〜七パーセントといったところである。それより五年も前の時点においても、紀州の根来衆《ねごろしゅう》や雑賀衆《さいかしゅう》は二〇パーセントくらいあっただろうということも、そこで触れた。

また、上杉、武田、北条の諸家についても、前項で数値を挙げておいたが、これは戦闘員に対する比率であるから、総人数に対する比率はもっと低くなることはいうまでもない。大ざっぱにいっても、半分くらいではあるまいか。

豊臣時代については、適切な史料がないので、立花統虎・高橋統増兄弟の部隊編成を見ておいたが、戦闘員の一四・三パーセント、総人数の六・七パーセントである。もちろん、この一例ですべてを推し量るのは危険だが、川中島の戦い（一五六一）から三十年以上経った文禄《ぶんろく》元年（一五九二）頃になっても、その程度だとしたら、驚くほど高いものではない。

鉄砲兵の比率が明らかに上昇するのは、関ケ原の戦い（一六〇〇）の頃からである。これはおそらく朝鮮出兵の経験に鑑《かんが》みた結果ではないかと、私は考えている。渡海して実際に戦った諸家が鉄砲兵を増やしているのも偶然ではなく、鉄砲がいかに有効な武器であるかを、身をもって知ったからだろうと思われる。

薩摩の島津義弘《よしひろ》は文禄の出兵（一五九二）の際、渡鮮したが、槍なんか役に立たないから、とにかく鉄砲を送れと国元に申し送った（「薩藩旧記雑録《さつぱんきゆうきざつろく》」）。同じ頃、加藤清正もとにかく鉄砲を送れと再三国元に督促している。清正も武者絵などにあるところとは違って、槍を振り回したってどうにもならないと悟っていたようだ。

薩摩藩独自の軍学である合伝《ごうでん》流は鉄砲を重視していることで知られているが、その伝書（「合伝武学先伝巻聞書」）では、**朝鮮陣以後、それ以前とは軍制が一変して鉄砲が広く重視されるようになったとはっきりいっている。**

それを実証するような事例もいくつかある。たとえば、毛利家が慶長五年（一六〇〇）三月、平賀元相《ひらがもとすけ》に課した軍役を見ると、鉄砲一四七挺《ちよう》、中筒九挺だが、中筒には二人が充てられるから、鉄砲兵の総数は一六五人となり、総人数に対する比率は三〇パーセントに近い（「平賀家文書」）。

同じ年十一月、伊達政宗《だてまさむね》が最上義光《もがみよしあき》のところへ援軍を送ったが、総人数の約二二パーセントが鉄砲兵である。伊達家では、大坂の陣（一六一四～一五）に当たって、戦闘員の三分の二前後を鉄砲兵としている（「伊達家文書」）。

人員に対する比率は不明だが、やはり朝鮮で苦労した浅野家なども、幕府の軍役が五〇〇〇石で一〇挺としているのに対して、四〇挺を課している。絶対数は相当のものとなっただろう。浅野幸長《よしなが》は蔚山《うるさん》城の戦い（一五九七）の後、負傷した部下を送り返して交替要員を求めたが、なんの道具（武器）も要らないから、鉄砲だけはできるだけ多く持たせてくれと言い送っている（「浅野家文書」）。

相対的には減少した槍兵

接戦用武器の代表である槍を扱う兵士は、前項で見た上杉、武田、北条三家の例を見てもわかるように、鉄砲兵などとはくらべものにならないほど比率が高かった。前出の立花・高橋兄弟の部隊編成においても、槍兵は鉄砲兵の二・五倍いる。慶長二年（一五九七）の立花統虎隊では、一・八倍に縮まっているが、やはり槍のほうがはるかに多い。なお、ここでいう槍兵とは長柄槍の足軽のことであるが、騎馬の士もたいていは槍を携えたことはすでに触れたとおりで、それを合わせれば、武器としての槍の装備率はさらに高い数値となる。

関ケ原の戦い（一六〇〇）の頃になると、鉄砲兵の比率が上がるのと裏腹《うらはら》に、槍兵は相対的に減少し始める。鉄砲兵との対比を伊達家の例で見ておくと、伊達政宗が最初に最上家に応援を送ったときが槍兵一に対して鉄砲兵一・四であり、二度目の応援では槍兵一に対して鉄砲兵一・二七である。

これが大坂冬の陣（一六一四）では槍兵一に対して鉄砲兵三・一、夏の陣（一六一五）では槍兵一に対して鉄砲兵二・六という割合になる。この頃には、騎馬の士の槍まで数えても、槍の装備は鉄砲より少なくなっている。

伊達政宗は、その性格から少々〈過激〉にやったのかもしれないが、同様の傾向は、前出の慶長五年の平賀家の軍役などでも、すでに現れているから、数字が残っていない家も似たようなものだったろう。

減少に向かった弓兵

弓は鉄砲普及後も遠戦兵器として重宝《ちようほう》されていた。そのことは負傷者の状況などを見てもわかるが、**時代が下がるにしたがって、少しずつ後退し始める。**武田家の軍役では鉄砲と大きな差は見られないが、北条家の軍役ではかなりの差が見られる。天正十二年（一五八四）の徳川家の丹羽氏次《にわうじつぐ》の人数書（「長久手合戦記」）を見ると弓兵一に対して鉄砲兵二・五となっている。これだけで判断はできないが、この頃には、そろそろ隔たりがはっきりし始めたのかもしれない。

文禄の役（一五九二〜一五九三）の朝鮮出兵のための立花・高橋兄弟の部隊編成では、弓兵一に対して鉄砲兵二であったが、慶長の役（一五九七〜一五九八）での出兵の際の立花隊は、弓兵一に対し鉄砲兵三・八となっている。前回出兵の経験から、鉄砲兵を増やし、弓兵を減じたのだろう。

大坂冬の陣の際の伊達政宗勢について、鉄砲兵三〇〇〇を攻め口に配置したが、「弓を帯する者なし」、つまり弓はゼロだったと『新東鑑《しんあずまかがみ》』に記されている。実際には、伊達家の鉄砲兵は三四四〇で、弓兵も一〇〇いたのだが、鉄砲に対して弓が極度に少なかったので、外部の人間の目にとまらなかったのだろう。翌年の夏の陣では、鉄砲兵は少し増えたが、弓兵は据え置きである。

ただ、伊達家の場合は、少し極端だったようで、総数はわからないが、藤堂家のように士分の「弓役」を相当数置くなど、まだ弓を重視している家もあった。

前に引いた元和《げんな》五年（一六一九）の周防岩国の吉川家の人数書でも、弓兵一に対して鉄砲兵四であるから、伊達家のような極端な開きはない。

減少したと見られる旗持ち

旗持ちも時代が下がるとともに減少したと見られるが、旗持ちが減るということは、戦場に持ち出す旗・幟の類が減ったということで、その辺のことをうかがわせる話は若干ある。たとえば、堀直寄《ほりなおより》の部隊は、大坂冬の陣に旗五〇本を立て並べ一段と見事だといわれたが、その取り扱いに難儀したので、翌年の夏の陣には一五本に減らしたものの、まだ多すぎたという（『刀剣と歴史』大正九年四月号）。堀隊の冬の陣の人数は不明だが、夏の陣には六〇〇人出したとされている。

これと対照的な話として、伊達政宗の部隊は「大坂の節旗之れ無く、鉄炮七千挺あり」と松浦《まつら》鎮信《しげのぶ》の「武功雑記」にある。実戦力重視で鉄砲兵を増やし、邪魔な旗などやめてしまったということだろうが、鉄砲七〇〇〇挺は大げさに過ぎるし、旗を撤廃したということもありえない。ただ、同家の重臣片倉重綱《かたくらしげつな》は、一〇〇〇余の人数で旗は一本しか立てなかったというから、極度に減らしていたことは事実であろう（「伊達家文書」）。

POINT

・騎馬武者のあり方や全軍に占める比率は、戦国時代を通じてほとんど変わらなかった。
・秀吉の朝鮮出兵以降、鉄砲兵の比率が上昇し、槍兵、弓兵、旗持ちは減少していった。

六「あおば者」という呼称──功名の判定で「武者」扱いされなかった兵士たち

具足を着けない「あおば者」

「あおば者」という言葉は、一般の方には見慣れないものであろうし、軍記類などにも余り出てこない。軍学書の類には、かなり頻繁に現れるが、たいていは、どういう者を討ち取ったら功名になるとか、ならないとかいったことと関連して出てくる。後でまた詳しく触れるが、こういうことは当時の武士たちにとっては、きわめて大きな現実の問題であった。

甲州流《こうしゅう》（武田流）の軍学書「信玄全集末書」は、「青葉者」という字を当てているが、その範囲については「小身者の鑓持《やりもち》、馬取《うまとり》、小者、中間、草履取《ぞうりとり》、夫《ふ》嵐子《あらしこ》」などの一度も具足《ぐそく》（甲冑《かっちゅう》）を着たことのない者だとある。但し書きを見ると、こういう者たちは、臨時に駆り集められてくるのだと考えられていたらしい。

「青葉者」の説明のすぐ前に「長柄鑓かつぎ武者」の説明があって、これを弓鉄砲足軽などと同じく「歩武者《かちむしゃ》というは、具足を着るゆへなり」とある。つまり、**足軽でもなんでも具足を着けるような者は「武者」のジャンルに入るが、そうでない者たちは「青葉者」という別のジャンルに包括される**といいたいらしい。

同様の見方は、北条流でも示されていて、「中間、小者、夫あらしこ」などの、一度も具足を着たことのない者が「あおば者」だとしている（「兵法雄鑑」）。一方、「歩武者」については、「足軽・旗さし・長柄・鑓持等に至るまでも、具足を着たるをば皆武者と云なり」としている。ある意味で**「武者」と対置される概念として「あおば者」がある**ことになる。

同じ流派の「兵法雌鑑」でも、「弓鉄炮足軽・旗指・長柄・鑓持等に至るまでも、具足きたるをば武者と云なり」とし、「中間、又ざうりとり（草履取り）、或は夫嵐子などの、一ども具足き（着）たることのなき者」は、「あをば者」であるとまったく同様の説明をしている。

北条流と同じく甲州流の系統に属する山鹿《やまが》流の「武教全書《ぶきょうぜんしょ》」も、「雑兵・端武《はむ》者《しゃ》」といえども、具足を着けた者である限り、「あおば者」の範疇ではないという見方を示している。なお、ここでは「白歯者《しらはもの》」という字を当てている。鉄漿《かねぐろ》（お歯黒）をつけていない者＝白歯者＝賤《いや》しい者という感覚で使っているらしいが、この鉄漿という歯を黒く染める風習については、貴人の間ではもとより、武士の間でも上士クラスでは一般的だったという見方と公家《くげ》衆などの間で行われていただけだという見方がある。

「北条五代記」や「おあん物語」には、前者の見方を裏付けるような記述があるが、一方では、今川義元《いまがわよしもと》が鉄漿をしていたので公家風だとされ、柔弱視《にゅうじゃくし》されたという話がある。これは江戸後期に出た「集覧桶廻間記《しゅうらんおけはざまき》」に載っている。戦国の盛時には、そういう風習がかなり普及していたのではないかと思われるのだが、これもよくわからない問題の一つである。

雑兵は「あおば者」なのか

本題に戻るが、「あおば者」については、軍学者の見解はだいたい一致していて、いずれも**具足を着けた人間であるかどうかを分別の基準としている**。一見明快なようだが、次章一項で取り上げるように、甲冑を着けた者と着けない者の〈線引き〉は、そうそう簡単ではない。しかも、同じ種類の足軽でも、家によって具足を着けさせたり、着けさせなかったりする例もあるから、判断はますます難しくなる。

どうも、**軍学者の考え方の根底には、戦闘要員とみなされるような者は、足軽だろうとなんだろうと「武者」であり、そうでない者が「あおば者」だということがあるようである**。それなら、そう説明してくれたほうが理解しやすいのだが、今さらいっても始まらない。

一方、「書言字考節用集《しょげんじこうせつようしゅう》」などは、「白歯者」とは俗に雑兵を指していった言葉で、後の若党といったような意味だとしていて、軍学者とは少し解釈が違う。「倭訓栞《わくんのしおり》」も、「あおば者」を古《いにしえ》に雑兵を指した言葉で「白歯者」の意味だというと説明している。ただし、「甲冑をき（着）ざるすはだ（素肌《すはだ》）者を青葉者といふともいへり」として、やや折衷《せっちゅう》的である。

今日の『国史大辞典』にある「あおばもの　青葉者」の項（福田栄次郎氏執筆）の説明では、「中世後半に雑兵・中間小者などを呼ぶ言葉」とあり、青歯者、白歯者などとするのは当て字であるとしている。「青」は青二才などと同じく、未熟者、卑しい者などの意味であり、「はもの」は半者《はもの》・端下者《はしたもの》などの意味であるとある。

その点は措《お》くとして、「雑兵・端武者《はむしゃ》・下まわり者・中間小者をさす」というのだから、範囲の点では「書言字考節用集」などと同趣旨といえる。弓足軽・鉄砲足軽・旗指・長柄足軽なども武者であるとして「あおば者」の範疇から外している軍学者の見解とは、まったく対立するが、こうした解釈に従えば、「あおば者」の範囲は、著しく拡大することになる。

ついでにいうと、これとよく似た「青侍《あおざむらい》」という呼称がある。平安時代後期以降、摂関家《せっかんけ》など諸家に仕えた下級職員のことだが、その者が侍身分であれば、官位としては六位であることが多く、六位の官人は青い色の袍《ほう》（上着）を着ることになっていたから、そう呼ばれたらしい。もっとも、未熟な若い者とか、身分の低い者とかいう意味もこめられていたのかもしれない。

功名となるのは武者の首だけではなかった

軍学者たちが「あおば者」の〈定義〉にこだわったのは、冒頭にいったように、功名の判定に必要だと考えたからであった。**「武者」であれば、これを討ち取れば功名とするが、「あおば者」なら功名とはしないというために、その範囲をうるさく論じたのである。**

たしかに、なにが功名となるかは、当時の武士たちの生活がかかった問題だったから、一見実務的な必要から出てきた論議といえるが、そういうわけでもないようだ。

軍学者たちが、そんなことをいっていた時代には、もう合戦もなくなり、功名の判定で悩むような事態もなくなったということもあるが、それ以上に、戦国時代の実態は、かなり違っていたからである。

後でまた触れるが、首取りの現実を見れば、「あおば者」どころか、戦闘とは関係のない農民や町人、あるいは女子供の首まで取っていた話はいくらもある。しかも、それでけっこう誤魔化《ごまか》せていたようだし、発覚しても、必ずしも処罰されたわけでもない。

そうした現実を考慮したのかどうかしらないが、**軍学のほうでも、「あおば者」を討ち取っても功名となる場合があるとしている。**上杉謙信の遺法を伝えたと称する要門《ようもん》流の「武門要鑑抄《ぶもんようかんしょう》」は、二番首までは「青葉者」でも功名になるとしているし、さきに挙げた「信玄全集末書」も、戦闘の場で取った首であれば「死人、青葉者にても誉れなり」としている。理論としてではなく、実際にも、そういう扱いがされていたのだろう。

POINT

- 具足を着けない中間や小者らは「あおば者」と呼ばれ「武者」扱いをされなかった。
- 武者を討ち取れば功名であったが、あおば者を討ち取っても功名となる場合があった。

第三章　兵士の装備はどうなっていたか

一　甲冑を着けた者、着けなかった者
――足軽なら陣笠というわけでもなかった

足軽クラスの者たちは甲冑を着けたのか

戦国時代の軍隊には、戦闘員と非戦闘員がいたということは、すでに取り上げた。戦闘員と目《もく》された者は、甲冑《かっちゅう》を着けて戦場に出たと思われるのだが、その点は実際にはどうだったのだろうかというのが、まず出てくる問題である。非戦闘員でも戦場に出なければならない者はいるので、それはどうなっていたのかというのが次なる問題である。

最初の問題については、戦闘員の中でも馬に乗って出てくるような士や騎乗の資格はなくても士分とされていた者については、余りそういう疑問はなさそうである。本人の都合で甲冑を着けない場合があることを別にすれば、こうした人たちは、まず甲冑を着けていたと考えて間違いないだろう。

問題となるのは、槍兵《そうへい》、鉄砲兵、弓兵、旗持ちなど、いわゆる足軽クラスの者たちである。前章の「あおば者」の項で見たように、彼らはみな具足《ぐそく》（甲冑を指すこともあるし、鎧《よろい》の胴の部分だけをいうこともある）を着けていたという解釈もあるが、実際には、**家によって違いがあったりしたようだ**。また、そこでも想定されていたように、槍持《やりも》ちなど事実上、非戦闘員に近い者が具足を着けていた例が実際にもあったようである。

旗持ちは素肌から完全武装までさまざま

まず、戦闘員というにはいささか疑念のある旗持ちの兵士から見てみよう。前章四項で取り上げた上杉家の天正《てんしょう》三年（一五七五）の軍役帳《ぐんやくちょう》では、士分の者や鉄砲兵については、用意すべき武具の指定がある。たとえば、鉄砲兵については、「笠《かさ》　腰指《こしざし》」が指定されている。「笠」は、おそらく皮製の笠であろう。「腰指」とは、文字どおり腰に指すようにつくられた識別用の合印《あいじるし》のことである。

ところが、**旗持ちの兵士については、この種の指定がまったくない**。ということは、当時の言葉でいう**「素肌《すはだ》」、つまり武具なしで戦場に出ることが想定されていた**のではないかと思われる。なぜ、そうなったのかはわからないが、旗持ちの仕事には、それほどの危険性はないという判断があったのかもしれない。

北条家は、全般に兵士の武装についてはやかましい規定をしているが、**旗持ち、指物《さしもの》持ちについては、「皮笠《かわがさ》・具足」を要求している例が多い**（「小田原市郷土文化館所蔵文書」など）。「具足」という言葉には、いろいろな意味があるが、この種の文書では甲冑の胴の部分を指しているのが普通であるという（藤本正行《ふじもとまさゆき》「戦国期武装要語解」）。いずれにしても、上杉家にくらべると、厳重な武装を要求していたという感じである。

武田家の場合、信玄時代の永禄《えいろく》十二年（一五六九）の文書（「市河文書」）で騎馬兵も徒歩兵も烏帽子《えぼし》や笠ではなく甲《かぶと》を着けろと指示している。また、手蓋《てがい》（籠手《こて》）・喉輪《のどわ》もそれなりに用意しろともある。「武田信玄配陣図屛風」（個人蔵）は、川中島の戦い（一五六一）を想定しているようだが、**旗持ちの兵士は、陣笠《じんがさ》に具足を着けている**。これは北条家と同じである。

息子の勝頼の代、天正四年（一五七六）に出した軍役の定書《さだめがき》が何通か残されている（「諸州古文書」など）。**旗持ちを含む徒歩の兵士には、具足・甲・手蓋・喉輪・指物などを指定しているのが普通**である。天正六年（一五七八）頃の文書

（「甲州《こうしゅう》古文集」など）には、徒歩の兵士は、武具を着けてこいとしたものもあるが、趣旨は同じであろう。要するに、完全武装で出てこいということである。上杉家はもちろん、北条家にくらべても、ずいぶん厳重である。

この種の問題についても、織田家など〈進んだ〉家の状況はわからない。ただ、細川幽斎《ほそかわゆうさい》（藤孝《ふじたか》）の覚書《おぼえがき》（「細川幽斎覚書」）によると、信長の家では「小指《こざし》物衆《ものしゅう》」と称して「歩《かち》の衆に具足を御きせなされ」て、旗持ちの後ろに控えさせていたとある。いざ戦闘となったら、この者たちが幟《のぼり》の間に出て、長柄槍《ながえやり》を取って戦ったのだとある。旗持ちは特に武器を持たないから、旗を守るためにそういう者を付けたのかもしれないが、肝心の旗持ちは具足を着けていたのかどうかは、この記述からはわからない。

鉄砲兵、弓兵は笠や甲に具足という者も多かった

次に、鉄砲兵や弓兵はどうだったかというと、**上杉家が鉄砲兵に「笠　腰指」を指定していた**ことは、すでに触れたとおりである。全般にそう定められていただけでなく、当時、吉江資堅《よしえすけかた》に課した軍役（「吉江文書」）にも、鉄砲兵に対して

は、皮笠と腰指の指定があるから、家中に徹底されていたことがわかる。

北条家の場合、元亀《げんき》三年（一五七二）一月の軍役（「豊島・宮城文書」）では、弓兵、鉄砲兵については、**立物《たてもの》（飾り）の付いた甲をかぶり、具足を着けること**とされている。旗持ちや槍兵には甲ではなく皮笠が指定されているから、明らかに違いがあるが、危険度の差を考慮したものか、それ以外の理由があったのかはわからない。

時代が下がった天正十五年（一五八七）頃の前出「井田文書」にある軍役では、**「かぶり物」と「具足」が指定されている**が、「かぶり物」は皮笠のことだろうという（藤本正行氏前掲論文）。

武田家の場合、「武田信玄配陣図屏風」や「川中島合戦図屏風」（岩国美術館蔵）では、彼らは**陣笠あるいは皮笠らしきものに具足**という形で描かれているが、永禄十二年（一五六九）の文書（「市河文書」）で甲の着用を求められていたことは、すでに触れたとおりである。その後、徒歩兵一律に完全武装が要求されていたことも、すでに触れた。

織田家や豊臣家については、各種の合戦図屏風の類《たぐい》くらいしか手がかりがないが、複数の「長篠《ながしの》合戦図屏風」（徳川美術館蔵など）に描かれた織田・徳川の鉄砲兵などは、**すべて具足を着け、甲、あるいは烏帽子のようなものをかぶっている**。「賤ケ岳《しずがたけ》合戦図屏風」（大阪城天守閣蔵）の羽柴方の弓・鉄砲兵も、**まず例外なく具足を着け、頭には甲、陣笠あるいは烏帽子様のものをかぶっている**。一方、柴田方の鉄砲兵には具足だけで、頭になにもかぶっていない者がかなりいるが、それらが真を写したものかどうかはわからない。

やや興味深いのは、慶長《けいちょう》二年（一五九七）から翌年にまたがる豊臣軍の蔚山《うるさん》守城を扱った「朝鮮軍陣図屏風」（個人蔵）である。そこには、城壁に拠って鉄砲を撃つ兵士たちが描かれているが、明らかに具足を着けた者と着けない者が混在している。実際の鉄砲兵にも両様あったのか、非戦闘員まで防戦に当たったことを表現しようとしたのかはわからない。

慶長五年（一六〇〇）三月、毛利元康《もうりもとやす》から平賀元相《ひらがもとすけ》に出した指示（「平賀家文書」）によると**「鉄炮之者」は具足はなしで袖なしの胴服《どうふく》を着けること**とされている。槍兵、弓兵なども同じである。しかし、毛利本家については、「鉄炮弓衆具足きる事」（「平賀家文書」）とあり、具足の足りない者や弓衆は袖なしの胴服でよいともある。他の部分を見ると、そこにいう「具足」とは、胴の部分だけでなく、甲冑を指しているとも取れる。いずれにせよ、毛利本家の衆と他の家の衆では違いがあったが、その理由はわからない。

絵画史料に戻ると、この慶長五年に上杉勢が最上《もがみ》領に攻め入ったことを題材とした「長谷堂《はせどう》合戦図屏風」（個人蔵）というものがある。そこに描かれた最上方の鉄砲兵は、筒袖《つつそで》の胴服に羽織《はおり》のようなものを着ている。鉢巻《はちまき》をした者はいるが、なにかかぶっている者はいない。対する上杉方の鉄砲兵も筒袖の胴服に股引《ももひき》、鉢巻という格好である。**これが真を写したものであれば、双方の鉄砲兵ともに「素肌」で戦場に出ていた**ことになる。

寛永《かんえい》十五年（一六三八）、原城《はらじょう》攻撃に参加した秋月《あきづき》藩（福岡県）黒田家では、天保《てんぽう》元年（一八三〇）に、その情景を屏風絵につくらせた。かなり考証には念を入れたようだが、出陣の場面に描かれた鉄砲兵、弓兵は、**陣笠に胴服を着け、そのうえに羽織を引っかけている**。寛延《かんえん》元年（一七四八）に成立した同藩関係の史料「島原一揆談話」には、上下とも甲冑を帯して出陣したとあるが、屏風のほうには甲冑を着けていない者が多数描かれているのである。

もっとも、原城での戦闘場面では、陣笠に具足あるいはちゃんと甲冑を着けた鉄砲兵も多数描かれている。これに対し、槍兵や弓兵には、胴服に羽織、あとは鉢巻だけといった格好の者もいる。旗持ちの兵士も具足は着けているが、頭は鉢巻や布で包んでいるだけという姿で描かれている者がほとんどである。こうした描き分け方には根拠があったのか、適当にやっただけなのかはわからない。

槍兵の武装は指定がないこともあった

最後に長柄の衆、つまり槍兵だが、上杉家の場合、天正三年の軍役帳では、旗持ちの兵士と同様、**なんの指定もされていない。素直に解釈すれば、彼らも「素肌」で戦場に出ていたことになる。**弓鉄砲の兵より危険度が少ないと見られたということなのだろうか。

北条家の場合、元亀三年一月の軍役（「豊島・宮城文書」）では、**皮笠と具足が指定されているが、**天正十五年頃の軍役（「井田文書」）には、**合印のほかなんの指定もない。**旗持ちにすら「かぶり物　具足」を指定しているのに、なぜなのかはわからない。

武田家の徒歩兵の武装については、すでに述べたとおりで、**槍兵についても、他の兵種同様、厳重な武装が要求されていた。**もっとも、前出の「武田信玄配陣図屏風」では、陣笠も具足もなく、鉢巻をして羽織を引っかけているという姿で、陣笠・具足という描写をされている旗持ちにくらべても、ずいぶん相違がある。

毛利家の平賀元相の軍役についても、すでに触れたが、**長柄の足軽については、揃いの胴服と金色の笠が指定されている。**笠がある分だけ、鉄砲兵や弓兵と違っている。危険度の相違を考えたものなのかどうかはわからない。

映画やドラマ、歴史番組の再現映像などに描かれる足軽たちは、いつでもどこでも陣笠に具足といった形で出てくる。だが、実際には私の調べたこれら若干の例でもわかるように、家によって、あるいは同じ家でも時によって、ずいぶんバラツキがあったようである。

POINT

・足軽の装備には、武具なしから完全武装まで、家によって、兵種によって、また、時によってもバラツキがあった。

二　地域によって差があった装備──普及の時間差はけっこう大きかった

鉄砲普及の遅速

前の項では、家により、時により、兵士の装備には、かなりの相違があったのではないかという問題を提起した。ここで取り上げるのは、装備には、地域によってかなりの差があったのではないかということである。もっとも、豊臣秀吉の天下一統後は、日本中、概《おおむ》ね同じようなことになったはずだから、その意味では"時間差があった"というべきなのかもしれない。

こうした問題で誰しも思いつくのは、鉄砲のことであろう。鉄砲が天文《てんぶん》十二年（一五四三）に大隅《おおすみ》（鹿児島県）種子島《たねがしま》に初めて渡来したという通説には疑問があるが、だいたいその頃から国内生産が始められ、諸国にも伝播していったことは肯定してよいだろう。その結果、一世代も経ないうちに日本国中あらゆる所で使用されるようになり、戦場の主役となった。それでも、**普及定着には、わかっているい限りでも、地域によって、かなりの時間差がある。**

小銃の前身ともいうべき手砲《しゅほう》のことは次項で考えるとして、種子島に渡来したとされるような形式の鉄砲について考えてみよう。種子島のある大隅の豪族肝付《きもつき》家では、天文十八年（一五四九）に島津家との戦いで鉄砲を使っている（「薩藩《さつぱん》旧記雑録《きゅうきざつろく》」）。一方の島津家は、一般に鉄砲の導入の早かった家と考えられているが、同家が初めて鉄砲を使用したのは、天文二十三年（一五五四）九月のことと見られる（「島津国史」）。

織田信長は、十六、七、八歳のころから鉄砲の稽古をしていたと『信長公記《しんちょうこうき》』にある。仮に十六歳とすれば、天文十八年のことであるから、たしかに早い。しかし、同じ頃、紀州《きしゅう》（和歌山県）の雑賀衆《さいかしゅう》などは、信長より年下の小学生くらいの子供にまで鉄砲を習わせていた（「佐武伊賀働書《さたけいがはたらきのしょ》」）。これだけでも、普及定着に時間差があったことは見当がつく。

一般的には、西が早くて東が遅かったと考えられているようだが、必ずしも、それは当たっていない。中国の雄・毛利家などはかなり遅かった。この家の鉄砲使用が文献的に確認できるのは、弘治《こうじ》三年（一五五七）二月のことである（『萩藩《はぎはん》閥閲録《ばつえつろく》』）。同家関係の軍記である『陰徳太平記《いんとくたいへいき》』には、永禄四年（一五六一）頃の状況として、「其比迄《そのころまで》は中国に鉄砲普《あまね》くは無かりければ云々」とある。軍記物の常として、大げさにいっているのかもしれないが、この地方で鉄砲の普及が遅かったのは事実であろう。

鉄砲を防ぐ道具として「竹束《たけたば》」というものがある。甲州（山梨県）の武田家が開発したもので、その時点は天文二十一年（一五五二）とも永禄五年（一五六二）ともあるが、天文二十一年では少し早すぎるから、永禄五年説のほうが正しいのだろう（『甲陽軍鑑《こうようぐんかん》』）。この竹束が天正六年（一五七八）頃になっても、中国地方では知られていなかったという（「別所長治記《べっしょながはるき》」）。それが事実なら、**鉄砲の防御法の面でも、ずいぶん時間差があった**ことになる。

馬印、指物の普及は東が早かった

やや意外なのは、**「馬印《うまじるし》」や「指物《さしもの》」の普及に著しい差があった**ことである。

馬印というのは、主将の所在を示すために立てるもので、「纏《まとい》」と呼んでいた家もある。具体例としては、豊臣秀吉の千成瓢簞《せんなりびょうたん》が有名だが、千成は誤りで、実際は大きな瓢簞が一つであったことは、すでに触れた。「風林火山《ふうりんかざん》」で知られている武田信玄の「孫子《そんし》の旗」なども馬印の一種といえる。

指物は、個々の士が背に負ったもので、他と識別したり、自身を目立たせたりするという趣旨においては馬印と変わらない。旗の類を用いることが多かったが、それ以外にも、いろいろな意匠を凝らしたものがあった。

馬印や指物がいつ頃出現したかについては、諸説あって明らかでないが、古いほうでは大永《だいえい》年間（一五二一〜二八）としている。武田信玄が本陣に「孫子の旗」などを立てたり、使番《つかいばん》（伝令将校）に百足《むかで》を意匠した指物を指させていたことからも知れるように、かなり早くからあったことは間違いない。

最初にどこで出現したかも明確でないが、普及には差があって、大まかにいえば、東は早く、西は遅かった。中国の毛利家や九州の龍造寺《りゅうぞうじ》家などには、ずっと後まで入っていない。もちろん、馬印や指物の原型となった通常の旗や幟はあったろうし、馬印・指物の存在を知らなかったとも思えないが、とにかく使用することはなかったのである。

さきの『陰徳太平記』によると、天正十四年（一五八六）、秀吉の指令で九州に出兵することとなったとき、黒田孝高《くろだよしたか》（如水《じょすい》）から京都から東には馬印や指物といったものがあるので、中国勢も京勢（上方勢）と歩調を合わせてはどうかといわれて、初めて調製させたという。「関西闘記」にも同様の記事がある。

秀吉の九州出兵に当たっては、龍造寺家の重臣鍋島直茂《なべしまなおしげ》らも馳せ参じて先手を務めたが、彼らの出で立ちがはなはだ見苦しかったという（「続武家閑談《かんだん》」）。織田家、豊臣家などの連中が、全体として華美な装いをしていたのにくらべて、地方の武士たちがみすぼらしかったのは、一般的な傾向だったと思うが、この場合はそれだけではなかった。

鍋島勢の者たちは、指物を指すのに受筒《うけづつ》を用いることを知らないものだから、縄で結んで背中に背負ったり、肩にかついだりしていた。受筒というのは、具足の背の部分に装着されていて、そこに指物を差し込むのだが、彼らの場合、知るとか知らないとかいうことではなく、もともとそんな具足はつくられていなかったのである。彼ら西国衆も毛利家の人たちと同様に、秀吉の下向にそなえて、にわかに指物を用意させられたのであろう。

それを上方勢が嘲笑したというので、腹を立てた鍋島直茂が秀吉に訴え、秀吉も、上方の者どもが国々の習いを知らずに笑うとは不覚であるから、今後、そういう輩《やから》がいたら処罰すると約束したという。軍記などのいっていることではあるが、これは事実であろう。秀吉の言葉にもあるとおり、地域によって、かなり事情が違っていたのである。

九州の中世史を研究されていた外山幹夫《とやまみきお》氏は、これまでの通史は、近畿や関東といった政権所在地を中心として叙述されたものが多かったといっている。そのため畿内の先進地帯にしか認められない「座《ざ》」とか「土一揆《つちいっき》」とかが、あたかも全国共通の事象であるかのように論述されることになる（『中世の九州』）。

戦国時代の事象についても、ついつい織田、豊臣あるいは武田、上杉といった家を標準にして考えたくなる傾きがある。私なども例外ではないが、そこには思わぬ〈落とし穴〉があることを、これらの問題は示している。

POINT

- 鉄砲や鉄砲の防御法の普及には、地域によってかなりの時間差があった。
- 馬印や指物の普及にも著しい時間差があり、東が早く、西は遅かった。

三　忘れられた武器「手砲」――「鉄砲伝来」以前からあった鉄砲

鉄砲の伝来は種子島が最初ではない

手砲というのは、小銃の原型となったような小火器のことである。英語ではハンドキャノン（手砲）、あるいはハンドガン（手銃）などと呼ばれている。起源は単一とはいえないので、いろいろなタイプがあるが、金属の筒に長い柄《え》を付けたものであったことは、ほぼ共通である。いずれも筒口から火薬と弾丸を押し込み、筒の末端近くに設けられた小孔から点火して発射する仕組みで、用いる弾丸の素材は、石、鉄、鉛などさまざまであった。

この種の武器は、ヨーロッパでは十四世紀後半から登場しているし、中国などでも早くからつくられていた。**わが国にも、かなり早い時点で入っていたことが確認できる**が、そういう事実は容易に浸透しない。つまり、わかってもらえない問題の一つである。

そうした事実自体が一般に知られていないということもあるが、知っている人でも、その事実を容認しない、あるいは無視したがる傾向が強いようだ。その理由は、いろいろあるだろうが、もっとも大きいのは、鉄砲というものは、天文十二年（一五四三）八月、大隅種子島に初めて渡来したという定説がしっかりインプットされていることである。

天文十二年に鉄砲が種子島に初伝したという説が信じがたいことは、すでに何人もの人が論じているし、私も『鉄砲と日本人』などでくり返しいってきた。手砲のことも、それらで取り上げているが、いまだにわかってもらえないので、改めてご説明しておきたい。

沖縄に伝来した「火矢」

手砲の一種である「火矢《ひや》」というものが沖縄に存在したことは、戦前からいわれていた（伊波普猷《いはふゆう》「琉球に於ける武備の撤廃と拳法の発達」）。現物もすでに何点か発見されていて、沖縄県立博物館で保管しているが、いずれも鉄製の管を二本ないし三本束ねたものである。

もっとも、そういうものがあるというだけでは、好事家《こうずか》が後になって持ち込んだのではないかといわれる余地があるが、**沖縄県下の城（グスク）跡には、「火矢」のために設けたと見られる銃眼《じゅうがん》が残されているものが数か所ある。**城跡からは、鉄弾、銅弾、石弾、土弾なども発見されている（當眞嗣一《とうましいち》「火矢について」）。

実は、沖縄で「火矢」の現物が見つかったのは、城跡に残されたこうした銃眼が契機だったという。それを見て手砲の存在を確信した戦国史研究家の藤井尚夫《ふじいひさお》氏が、当時、沖縄県立博物館におられた當眞氏に伝え、氏が県下を探して現物にめぐり合ったのだそうである。

沖縄の城は十四世紀頃から築かれ始め、一五二六年頃には使命を終えたと見られている（本多昇「グスクとチャシ」）。當眞氏も**銃眼を残している城は、一四五八年かそれ以前に滅んだもの**だといっている。そうであるとしたら、火矢の導入は、かなり早い時期に行われていたことはたしかであると考えてよい。

あるいは、当時の沖縄（琉球）は、日本のうちとはいえないという反論があるかもしれない。しかし、応仁文明《おうにんぶんめい》の乱の始まる前年の**文正《ぶんしょう》元年（一四六六）七月、足利将軍を訪れた琉球の人が退出の際に「鉄放」を放って京の人たちを驚かせた**ことが相国寺《しょうこくじ》の僧・季瓊真蘂《きけいしんずい》の日記「蔭涼軒日録《いんりようけんにちろく》」に出てくる。

この記事は以前から知られていて、伊波氏の論文にも引かれているが、ほかに裏付けがないことや種子島初伝説への思い込みが強かったこともあって、単なる爆竹《ばくちく》の類であろうと解釈する人が多かった。しかし、沖縄で「火矢」が見つかった以上、それであった可能性が高くなった。仮に「火矢」そのものではなかったとしても、爆竹などではなく、なんらかの銃器であったと見るほうが自然である。それなら、この時点で本土の人間も銃器というものを知ったのである。

「鉄砲伝来」以前に使用されていた「火槍」と石銃

それだけではなく、**手砲の類は応仁文明の乱で使用されていた**。禅僧の雲泉太《うんせんたい》極《きょく》は、応仁二年（一四六八）十一月六日、東軍の細川成之《ほそかわしげゆき》の陣営を訪れたが、そこで「飛砲火槍《ひほうかそう》」を見たことを日記（「碧山日録《へきざん》」）に記している。「飛砲」の「砲」とは、本人が別の箇所で蘊蓄《うんちく》を傾けているように、投石機の類を指す言葉であるから、その類であろう。

「火槍」については説明がないが、中国では「火槍」ないし「飛火槍《ひかそう》」というものが、十世紀中に発明されていたという。ただし、これは火炎放射器に近いものだったらしい。その後、一二五九年に「突火槍《とつかそう》」が発明されたが、これは竹筒などに火薬と弾丸を混ぜて詰め、火縄《ひなわ》で点火して飛ばすものであった（篠田耕一『武器と防具　中国編』）。中国の銃砲史研究者も、この「突火槍」が中国最初の火器であるとしている（劉旭『中国古代火炮史』）。

　雲泉太極の見た「火槍」や沖縄で見つかった「火矢」が中国製であったのかどうかは確認できないが、この「突火槍」の類が次第に発達していったであろうことは想像に難くない。**石弾を発射する中国製だという粗製の小銃（石銃）が天文十一年（一五四二）七月、出雲《いずも》（島根県）赤穴《あかな》城で使用されたことは記録にもある**（『萩藩閥閲録』、『雲陽軍実記』）。

　このように、いわゆる「鉄砲伝来」以前に、手砲や石銃は国内で使用されていたわけであるが、それらも鉄砲の一種であったには違いない。ただ、**国内で模倣して生産された形跡も乏しく、広く普及はしなかったようである。種子島に渡来したとされる鉄砲は、当時のレベルとしては、ほぼ完成の域に達したものであったと見られる。**それで、これに接した人たちが国内生産を志し、急速に広まっていったと考えられる。

POINT

・一五四三年に種子島へ初めて伝来したとされる以前から「火矢」「火槍」石銃といった鉄砲が使われていた。
・種子島に伝来した完成形に近い鉄砲に接した人たちが国内生産を志したため、その頃から急速に鉄砲が広まっていった。

四　鉄砲の普及後に派手になった軍装──それは黒色火薬のせいだった

狙われやすいのに、なぜ華美な出で立ちをしたのか

戦国時代も先へゆくにしたがって、甲冑・陣羽織《じんばおり》・旗指物《はたさしもの》などの武具が華麗になっていったり、奇抜なデザインが用いられたりする傾向がある。その理由については、時代の精神によるものだとか、個性の発露だとか説明されることが多いようであるが、それだけで説明できるだろうか。それが以前から疑問であった。

戦国後期ともなると、鉄砲が普及しているから、目立った格好をしていれば、狙撃されやすいに決まっているではないか。実際にも、最上家の重臣新関久正《にいぜきひさまさ》という者が目立った指物をした奴に近寄られると、そこへ矢玉が集中するから迷惑だと語ったという話が軍学書に出てくる。当時から、それくらいのことはわかっていたろうに、それでも派手な出で立ちが流行ったのである。

実は、こういう現象は、わが国だけのことではなく、ヨーロッパでも同様であった。ナポレオン戦争の絵画や映画などでおなじみだが、きらきらしたヘルメットや胸甲を着け、緋色だの青色だのの派手な装いをした騎兵、真っ赤なズボンをはいた歩兵といったものは、小銃が発達・定着した後に現れた。わざわざ狙い撃ちされやすい出で立ちをすることもないだろうに、なぜそんなことになったのか、これも私の疑問であった。

硝煙の中での同士討ちを避ける

それに答えるものは、なかなか見つからなかったが、ダグラス・オーギルというイギリスの軍人が一九七〇年にロンドンで出した本にヒントが載っていた。その本は、戦車について論じたものだったが、その前史の中で兵士の美装について触れていたのである。

オーギル氏によると、ああいう美々《びび》しい格好は、戦闘行為そのものには、ほとんど関係なかったが、**戦場の硝煙《しょうえん》の中で敵味方を識別するために必要だった**のだという。だが、小銃が改良されて射程が延び、さらに無煙火薬が用いられるようになると、そういう出で立ちは、敵のライフル銃兵に絶好の標的を提供するだけになってしまったとある。

ヨーロッパの兵士の美装は、黒色火薬の硝煙（これを「黒煙」と書いた物書きの人がいるが、実際には白煙である）と関係していた。そのことは、一八八四年に無煙火薬が発明されると、兵士の軍装は、次第にカーキ色など地味な保護色に変わり、兵器にも迷彩《めいさい》を施《ほどこ》すようになったことによって裏付けられる。

具体的にいうと、イギリス軍は一八九八年にカナダを除く全海外領でカーキ色を採用した。各国の植民地駐屯軍も追随し、一九〇〇年の義和団《ぎわだん》事件で中国に出動した軍隊は、イギリス軍はもちろんドイツ軍、フランス軍、アメリカ軍いずれもカーキ色の軍服をまとっていた。アメリカ軍は、一九〇三年に全陸軍の軍服をカーキ色に統一した。なお、兵器に迷彩を施すことは、これよりやや遅れ、一九一四年末にフランスで始まっている。

ヨーロッパの兵士の美装については、そういうことだが、なぜ敵味方の識別にそれほどこだわったのかという疑問はまだ残る。たしかに、敵と味方を取り違えたら、混乱を招いて困るには違いないが、それだけではなく、**同士討ちを避けたいという気分が非常に強かったた**ようである。それはまた、ヨーロッパでは同士討ちによって殺されることを、ことさら不名誉とする感覚が強かったことと関係していたらしい。

硝煙の中で目立ち、武功を認めてもらう

こうしたことを戦国時代のわが国に当てはめてみると、冒頭の疑問には、かなりのところまで説明がついた。**硝煙のため敵味方の識別が困難になると、いろいろと不都合が生じたから、鉄砲の普及した後に、かえって軍装が華美になった**のである。

もっとも、戦闘に混乱を来たしてはまずいとか、同士討ちを避けたいとかいう意向がどこまで強かったかはわからない。それ以上に強く働いていたのは、**武士たちの功名への執着**だったのではあるまいか。ヨーロッパでも、古くは個人の功

名がやかましくいわれたが、時代とともに抑制される方向に向かった。しかし、わが国では、**幕末に至るまで、武士たちを動かすもっとも大きな要因が個人として功名を立てること**であった。

鉄砲が恐ろしい武器であることは、当時の武士たちだって十分認識していた。甲冑を着けても容易に防げるものではないことも、経験を通じてよく知っていたはずである。だが、**硝煙の中でもわかるような格好をしなければ、働きぶりを認めてもらい難い**。それでなくても、目立たなかったために功名を認められなかったという類の話はいくらもある。

その一方で、美麗な軍装から大将分だと見られて狙撃されやすかったという話もあるし、冒頭で挙げた新関久正の話のようなこともある。危険と恩賞を天秤《てんびん》にかけたうえで、多くの武士が美装を選んだということだと思う。

実は、こういう仮説は、拙著『鉄砲と日本人』で提示したのだが、格別批判もなかった代わりに、積極的に賛成してくれる人もいなかった。だから、いまだに宙《ちゅう》ぶらりんになったままである。この設問に対しては、世間では、まだ時代の精神だとか、個性の発露だとか説明している人が多いのだろうと思われる。

POINT

・鉄砲の普及に伴い華美な武装をするようになったのは、硝煙の中で同士討ちを避けるとともに、武功を挙げたことに気づき認めてもらうため。

五　黒色火薬に不可欠な原料の調達——「硝石」の生産と輸入

国内でも早くから硝石は生産されていた

戦国時代使用されていた黒色火薬は、硝石《しょうせき》・硫黄《いおう》・木炭を混合してつくられた。それらの配合比率については、絶対的な基準があったわけではなく、かなり適当だったらしいが、もっとも比率の高かったのが硝石であったことは間違いない。それは総量の三分の二から八割くらいまでを占めていた。

これらのうち硫黄と木炭は国内でいくらも調達できたが、硝石については、江戸初期に人工的な培養が始まるまでは、国産のものはなかったというのが、近年までの通説のようなものであった。つまり、戦国時代酣《たけなわ》の頃、大量に需要のあった硝石は、すべて輸入によってまかなわれていたと考えられていたのである。

たとえば、奥村正二氏は、『火縄銃から黒船まで』の中で、越中《えっちゅう》（富山県）五《ご》箇山《かやま》で産する加賀《かが》（石川県）硝石の最初の上納が、慶長八年（一六〇三）であるところから、仕込みは文禄四年（一五九五）前後ではなかったかと記している。それまでは主として山東《さんとう》、四川《しせん》などの中国産の硝石が輸入されていたのではないかというのである。

これは山本健磨氏、南坊平造氏らの説によったということらしいが、南坊氏は、五箇山の硝石生産は、元亀年間（一五七〇～七三）に始まると見ていて、奥村氏の解釈とは、まったく異なる。五箇山では、かなり早い時期から硝石生産が始まっていたのではないかということは、鎌谷親善《かまたにちかよし》氏なども以前から指摘されていて、新田次郎氏の小説『武田勝頼』で鎌谷説が紹介されたこともある。その後も、**硝石が国内で生産されていたことについては、これを肯定する論文が出されていて、この問題は決着がついた**と見てよいだろう。

しかし、いまだに硝石の国内生産は行われていなかったという見方は根強く残っていて、わかってもらえない問題の一つとなっている。

たとえば、立花京子氏は、硝石はすべて輸入に頼っていて、しかもそれはイエズス会がにぎっていたと主張していた（『真説本能寺の変』など）。そこから、硝石を一手に押さえていたイエズス会が織田信長を動かして「天下布武」に向かわせたが、信長が意のままにいかなくなったので、明智光秀にこれを討たせたという話に発展する。もちろん、すべて事実無根のお話である。

硝石の大部分は輸入に頼っていた

中部地方の山地などで硝石が生産されたことをうかがわせる史料は、いくつか残されている。たとえば、美濃《みの》（岐阜県）の安養寺《あんにようじ》（浄土真宗大谷派）は、元亀三年（一五七二）、朝倉義景に「塩硝《えんしよう》五斤《きん》」、山崎吉家《よしいえ》に「塩硝三斤」を贈っている（「宝林寺文書」）。この寺は、郡上の門徒を率いて武田信玄などとも結んでいたから、反信長派に硝石を贈っても不思議はないが、それは輸入品ではなく地元で得られたものだったと思われる。

その武田信玄も、三方原《みかたがはら》の戦いの後、天正元年（一五七三）一月、娘婿の木曾《き そ》義昌《よしまさ》から戦勝祝賀の書状とともに「塩硝五十斤」を贈られている（「甲斐国志《かいこくし》」）。

安養寺の場合と同じく、木曾の山中にいる義昌が、わざわざ輸入したとも思えないから、これも地元で人工的に培養したものであったに違いない。

当時、厩《うまや》の土などから硝石を採取する方法が知られていたことは、毛利元就《もうりもとなり》が家臣に宛てた書状（『萩藩閥閲録』）によってもわかる。この書状の年紀は不明だが、元就の死去する元亀二年（一五七一）以前のものである。厩の土に限らず、蚕《かいこ》の糞《ふん》や藍《あい》草を積み置いても採取できたのではないかと、以前、北陸在住の硝石の研究者からうかがったことがある。

このほかにも、**国産の硝石があったことを示す史料はいくつかあるが、それで需要をまかなえるものではなく、大部分は輸入に頼らざるをえなかった**ことはいうまでもない。また、国産の硝石は質の点でも、輸入品にかなわなかったのではないかということは、先の研究者もいっておられた。

それをうかがわせるような話が「勢州軍記《せいしゅうぐんき》」に載っている。天正十二年（一五八四）頃、蒲生氏郷《がもううじさと》が伊勢の北畠《きたばたけ》家の名跡を継ごうとして失敗したのをあざけって、「古鉄炮、程が遠いぞ北畠、飛驒《ひだ》塩硝は弱きものなる」という落首が都で流されたというのである。氏郷の官途名が飛驒守であったので、それに引っかけたものだが、その頃、飛騨（岐阜県）地方で硝石が産出されたこと、それがどうやら低品質だったことを裏付けていると考えられる。

実は、国産の硝石は、戦国の頃に限らず、生産が軌道《きどう》に乗った後も、品質的には芳《かんば》しくなかったらしい。天明《てんめい》三年（一七八三）に長崎を訪れた地理学者の古川《ふるかわ》古松軒《こしょうけん》は、長崎通辞の吉雄《よしお》某から聞いたとして、国産の火薬には火移りの悪いものがあるが、オランダ産にはそのようなことはないと記している（「西遊雑記」）。

POINT

・黒色火薬の主原料である硝石は、かなり早くから国内でもつくられていたが、質量ともに輸入品には及ばなかった。

六　改良されることのなかった日本刀―ほかの武器には見られない現象

武器としては問題の多かった日本刀

わが国の刀の歴史は、ずいぶん古いが、われわれが「日本刀」としてイメージしているような形式になったのは、平安時代中頃の十世紀後半から十一世紀前半のことだといわれている。それ以来、現代に至るまで、ほとんど基本的な変更を加えられないままに連綿《れんめん》と続いている。最初から完成の域に達していたから、手を加える余地はなかったというなら、それもわかるが、そういうわけでもなさそうである。

信仰や儀礼上の使い道や美術品としての評価は別として、武器としての日本刀には、いろいろと問題があった。そのことは『刀と首取り』で取り上げたが、そういう問題の多い武器が、なぜ改良されないままに来てしまったのだろうか。

武器としての刀は、折れず、曲がらず、よく切れるものであるべきだというのは、古くから〈公論〉のようなものであった。このうち、切れるか切れないかというのは、切り手との関係もあるから、やや判断が難しいところがあるが、折れたか、曲がったかは、誰にもわかることである。**現実にも刀が折れやすかったことを物語る事例はいくらもある。**それにもかかわらず、これを抜本的になんとかしようという試みは、余りなされていない。

折れなくとも、刀は曲がりやすい。そのことは日中戦争中、戦地で軍刀の修理に当たった成瀬関次《なるせかんじ》氏が『戦ふ日本刀』などの著書でいっている。氏によると、古刀《ことう》つまり慶長年間（一五九六～一六一五）以前につくられたものに、その傾向が強かったという。ことに名工の聞こえの高い正宗《まさむね》やその系統に連なる刀工《とうこう》の作品に顕著だったという。それなら古い時代からわかっていたはずなのに、曲がらないようにしようという改良はなされなかった。

刀身だけではなく、構造にも問題があった。成瀬氏の報告を見ると、刀身と柄《つか》を別々につくって、刀身を柄に差し込み、目釘《めくぎ》で固定するという方式に特に問題があったことが明らかである。それなら、中国式の刀のように刀身と柄を一体につくるという試みがあってもよかったはずである。実は、王朝時代に武官が用いた毛抜形太刀《けぬきがたたち》というのが、そうした構造であったが、発展することなく、やがて刀身を柄に差し込む形に一本化してしまった。

目釘を竹ではなく金属にしてみるとか、一箇所ではなく複数箇所打ってみるという程度の工夫はされたが、それでは追いつかなかったのだろう。成瀬氏の報告によっても、**修理に出てくる軍刀は、柄の故障によるものが、刀身の故障の倍くらいあったという**。氏はまた、**すべて目釘に問題があったと**もいっている。

それでも改良されなかった刀

ということで、なぜ日本刀は改良されなかったのかというのが、私にとっては年来の疑問なのだが、この問題については、武術家の甲野善紀《こうのよしのり》氏が、また別の角度から疑問を呈している（養老孟司《ようろうたけし》・甲野善紀『古武術の発見』）。

甲野氏は、中国の刀剣には用途に応じて多くの種類があるのに、日本刀にないのはなぜだろうという。たしかに、わが国の刀で、用途に応じてつくられたものとしては、首取り用の馬手差《めてざし》という短い刀があるくらいである。

日本人のように好奇心が強く、新しいものをつくり出したがる民族が、なぜ刀ばかりは何百年も変えなかったのだろうかと、甲野氏は自問する。それで、刀鍛冶《かたなかじ》のほうになにか理由があったのか、使う側の技術（武術）のほうに問題があったのか、考えてみたがわからなかったという。一つ考えられるのは、昔から古刀に対する憧《あこが》れが強くあったということだが、そうであっても刀が〈固定〉してしまった理由は、やはりわからないという。

甲野氏自身が指摘しているように、刀と同じ接戦用の武器であっても、槍などは刀のようには〈固定〉しておらず、はるかに多様性がある。初期のものより、後期のもののほうが明らかに〈進化〉しているし、用途を考えて、次々と新奇な工夫がなされ、さまざまな形式のものが生まれている。これは、たしかに氏のいうとおりで、並べて見ても、これが同じ槍の仲間かと思えるような例もある。

弓も古くからあった武器だが、当初の形式が終始維持されたわけではない。最初は一本の木を削ってつくられていたが、やがて木と竹を矧《は》ぎ合わせてつくるものが現れた。両形式は長く並存したが、中世以降は後者が多くなり、結局、丸木《まるき》弓《ゆみ》の類は姿を消した。また、一口に木と竹を矧ぎ合わせるといっても、内容的には、時代とともにかなり違ったものとなっている。弓で射出す矢のほうも、鏃《やじり》などは次々と形式の違うものが現れている。

ただ、馬上で使うためには、もっと短くて効果のよいものに改良したらよかったのではないかという疑問は残る。弓を用いる騎馬の戦士は、東西いくらも例があるが、あんなに長い弓を使い続けたのは、日本の武士だけではあるまいか。そうした事実は、外国の研究者も指摘しているが、なぜそうなったのかという理由を説明した人はいないし、私もわからない。

鉄砲の場合には、導入以来、基本的な変更を加えることなく使われ続けたが、これは最初に当時としては完成されたタイプのものが入ってきたためである。それでも刀のように千年も姿を変えなかったわけではなく、三百年も経ったところで、もっと効率の良い形式が知られると、どんどん切り替えられた。刀が改良されなかった理由は、やはり謎である。

POINT

・日本刀は曲がったり折れたりしやすく、柄にも故障が多く、武器としての性能は高くなかった。

七　長宗我部家の「一領具足」──伝説の兵士たちの実態

有事には武士として戦う「一領具足」

土佐《とさ》（高知県）の長宗我部《ちようそかべ》家が「一領具足《いちりようぐそく》」と呼ばれる兵士たちを使っていたことは、よく知られている。これは一言でいえば、**兵農未分離時代の農村から**

集められた者たちで、予備の具足（甲冑）も持たず、一領で駆け回ったところから、その名が付いたという。

とすれば、装備の特色から出た呼称ということになるが、それが早くからあったものかどうかは明らかでない。文献的には慶長二年（一五九七）の同家の掟書《おきてがき》に「一両具足」として出てくるのが初見であると、下村效《しもむらいさお》氏の論文「長宗我部元親《もとちか》と一領具足」にあるから、戦国時代の終わり頃に現れたことになる。

彼らの実態については、「土佐物語」の記事がよく引かれる。それによると、彼らは**わずかな田地を所有して、これを耕す傍《かたわ》ら日頃から弓・鉄砲・太刀打ちの訓練をしていた。**耕作に出るときも、槍の柄に草鞋《わらじ》と兵糧《ひょうろう》をくくり付けて田の畦《あぜ》に立てて置いた。**有事となれば農具を投げ捨てて駆けつけ、馬一疋で走り回る命知らずの野武士どもだった**とある。

馬に乗ったというのが事実であれば、他の家では一応士官クラスの扱いになるが、下村氏のいっている掟書によると、通常の家臣よりも下に位置づけられていたらしい。そうであれば、下士官クラスということになるのかもしれない。

悲惨な末路が印象的に伝えられた

その点は他の戦国大名の家と少し違うかもしれないが、着替えの具足を持たないとか、弓・鉄砲や槍を用いたとか、日頃は農耕に従事していたとかいうのは、別に珍しい話ではあるまい。当時、「地侍《じざむらい》」などと呼ばれていた人たちは、たいていそうであった。強兵として知られた甲斐の武田、越後《えちご》の上杉あるいは薩摩《さつま》の島津といった家の軍隊を支えていたのも、同様の装備、生態をそなえた者たちであったと思われる。

それにもかかわらず、土佐の「一領具足」ばかりが喧伝《けんでん》されたのは、なぜかというのが私の疑問である。答えは簡単に見つからないが、彼らの末路が悲惨であったことと関係しているのかもしれない。

長宗我部元親が病死した後、関ケ原《せきがはら》の戦いが起こったが、息子の盛親《もりちか》は西軍に加わった。敗戦後、紆余曲折《うよきょくせつ》はあったが、領国土佐は取り上げられることとなった。盛親は、いったんは本拠の浦戸《うらど》に籠城するつもりになったが、結局、恭順《きょうじゅん》の道を選んだ。

これを承服できなかった「一領具足」の面々は、結束して接収部隊に抵抗しようとした。いわゆる「浦戸一揆」というものだが、味方であるはずの長宗我部家の重臣に裏切られて敗れ、多くの犠牲者を出した。その後も、彼らは新国主の山内《やまうち》家に抵抗して弾圧を受けた。手を焼いた山内家は、彼らの残党をだまし討ちにかけたりしたこともある。そうしたことが印象深く伝えられ、「一領具足」の名を高めたとも考えられる。

いずれにせよ、**長宗我部元親が、こういう「一領具足」を地域ごとに編成して戦力の基盤としていたこと、ほぼ四国全土を切り従えたことは事実**である。したがって、その過程で、彼らの貢献が大きかったことは疑うべきではないのかもしれない。

下村氏は、彼らが戦意旺盛で勇猛果敢に振舞ったのは、勝つこと自体が所領の増加、地位の向上につながったからであり、勢いに乗った長宗我部家のもとでそれが実現したからであると説明している。ただ、こうした事情は、たとえば武田信玄に従っていた武士たちなどにも共通するものがあり、彼らだけに特殊なものではない。

実績には疑義もある

もっとも、元親の四国制覇に対する「一領具足」の貢献については、地元の高知県立歴史民俗資料館におられた野本亮氏のように疑義を呈している人もいる（『長宗我部元親・盛親の栄光と挫折』）。彼らの多くは、**平時にあっては農業経営にいそしむ在地の有力者であって、従軍は農閑期《のうかんき》に限られていたし、急峻《きゅうしゅん》な四国山地を彼らを主力とする数万の軍勢が越えるのは不可能に近く、武器・弾薬・食糧の輸送といった観点からも現実的とはいえない**というのである。

そこから野本氏は、元親の成功は、阿波《あわ》（徳島県）・讃岐《さぬき》（香川県）・伊予《いよ》（愛媛県）に土佐方に内通する者あるいは積極的に協力する同盟者がいて、彼らの利害関係のうえに契約を結び、兵員や物資の支援を受けたことによると考えるほうが無理がないと結論する。

たしかに、そうした見方の成り立つ余地はあるが、同じような条件のもとにいたと見られる武田信玄の兵士などは、険しい山地を越えて他国に遠征している。上杉謙信なども似たところがあるから、従来の見方とどちらが当たっているかは、にわかに判断はできない。ただ、「一領具足」の働きが実際よりも過大に評価されてきたことは、ありうるかもしれない。これもまた疑問の一つである。

POINT

・戦国時代には、地侍などと呼ばれる有事にだけ戦う兵士がいた。
・長宗我部家には、予備の具足を持たないという装備の特色から「一領具足」と呼ばれた兵が存在し、悲惨な末路が印象的に伝えられている。

第四章　士卒はどう集められ、どう訓練されたか

一　軍役による動員の実態――一騎が何人を従えたか

騎馬武者と従者

軍役《ぐんやく》などをめぐる問題については、かなり研究が進んでいる面もあるようだが、いまだによくわからない問題がいくつかあるので、ここで提示しておきたい。あるいは、私の知らないところで、すでに答えが出ているものもあるかもしれないが、そうであったら、ご容赦《ようしゃ》いただきたい。

第一章四項で、各部隊の人員は、どう見積もられていたかということを取りあげた。**各隊は騎馬の士何十人かを中核に編成されたが、それぞれの士が何人の従者を連れてくるかによって、総数は著しく異なってくる**ということにも触れた。

その問題について、もう少し具体的に書いたものはないかと思って探したところ、江戸時代前期の加賀《かが》藩（石川県）前田家の有沢武貞《ありさわたけさだ》（一六三九〜一七一五）という甲州《こうしゅう》流の軍学者が書いたものがあった。

有沢武貞は、三〇〇石取りの上士で、軍学書の著述も多く、その中に先にも引いた「軍役古今通解」というものがあって、そこでこの問題に触れていた。この本は活字化されて、滝本誠一《たきもとせいいち》博士の編んだ『日本経済大典』に載っている。

武貞によると、彼が働いていた頃の前田家では、騎馬の士一騎が連れてくる従者の数については、新旧二様の考え方があったという。国元の加賀では、「古法」に則っているから、主従ともで三、四人と見積もるのだが、江戸では新しい法によって上下九人くらいに見積もるから、人数計算に大きな違いが生ずるというのである。ちなみに第一章四項で取り上げた宝永《ほうえい》六年（一七〇九）頃、芸州《げいしゅう》藩（広島県）浅野家が定め直した「五十騎一備」でも、騎馬の士は本人を含めて一〇人で出てくることになっていた。

彼のいっている「古法」とは、戦国時代の記憶を残したものなのだろうかというのが、さし当たっての疑問であるが、彼は加賀藩の軍制は、織田信長の家のそれを受け継いでいたと考えていた。信長が本能寺の変に遭ったとき、「御小姓《こしょう》衆二、三十人」を召し連れていたと『信長公記《しんちょうこうき》』にあるが、有沢のいう「古法」どおりなら、最低六〇人、最高一二〇人くらいの人数だったという計算が成り立つことになる。

もっとも、そんなことがわかったところで、さしたる意味があるわけではない。すでにいったように、織田家には軍役関係の史料がまったく残っていないので、信長の部隊編成などを知る手がかりにはならないのである。

武貞の生きていた時代には、幕府から出兵を求められたこともなかっただろうから、彼のいう国元と江戸の人数計算のズレがどういう場面で発生したのか、それが本当に困った事態につながったのかといったこともわからない。ただ、江戸時代もかなり進んだ時点で、まだそんな状況が続いていたのだろうかという疑問は残る。幕府から指示された軍役を果たすに当たり、おそろしく緻密《ちみつ》なことをやっていた例もあるからである。

佐竹家は一騎に九人

軍役の課し方は、家によって区々《まちまち》だったが、統一政権が生まれて世の中が落ち着いてくると、だんだん整備されてきた。江戸幕府が寛永《かんえい》十年（一六三三）に定めたものを見ると、**二〇〇石で八人から始まって、三〇〇石、四〇〇石……と一〇〇石刻《きざ》みで二〇〇〇石に至り、そこから先は、一〇〇〇石刻み、万石刻みと整**

然と定められている。

それはそれでよろしいのだが、私が気になったのは、二〇〇石未満の者はどうしたのだろうかということもあるし、二〇〇石で割り切れない石高の者はどうしたのだろうかということもある。たとえば、三六〇石の士がいたら、一〇〇石分、六〇石分をどう扱ったのか、つまらないことのようだがずっと疑問に思っていた。

そうしたら、寛永よりも早い慶長《けいちょう》十九年（一六一四）の秋田藩佐竹《さたけ》家の事例に出合った。ちょうど大坂冬の陣が始まろうというときで、藩主の佐竹義宣《よしのぶ》は、国元から江戸に向かう途中で幕府の動員令を受け取ったという。義宣は、直ちに秋田に使者を走らせて準備を命じ、それを受けた家老の向宣政《むかいのぶまさ》は梅津政景《うめづまさかげ》という者に軍割つまり家中《かちゅう》の者たちに具体的にどのように軍役を課すかの作業を行わせた。政景は、当時、総山奉行の職にあったが、計数に明るいというので特に指名されたのだろう。

軍役の基準は「各三百石一騎たり、三百石以下の士は、百石に僕三人、銀百四拾目を出さしむ」ということだった（「羽陰史略」）。**「三百石一騎」というのは、**

知行《ちぎょう》三〇〇石について一騎の割りで騎馬武者を出させ、それらを五〇とか一〇〇とかまとめて、部隊を編成しようということだが、そういう指示が幕府から出ていたのかどうかはわからない。幕府の動員令に従うには、その程度でゆく必要があると、佐竹義宣あるいは向宣政が考えたのかもしれない。

基準は一見明快なようだが、実はそうではない。知行がちょうど三〇〇石の者や三〇〇石の倍数である者はよいが、それに満たない者や端数の出る者をどうするかがわからない。それを補うために、「三百石以下の士は云々」というのだろうが、「三百石以下」といったら、三〇〇石ちょうどの者も入ってしまう。まあ、これは三〇〇石未満の意味と解するとしても、「百石に僕三人、銀百四拾目」は、三〇〇石以上の者にも適用されるのか、一〇〇石未満の者や一〇〇石を越える端数分はどうするのか、それもよくわからない。

梅津政景にもわからなかったかもしれないが、彼は、一律一〇〇石について人三人、銀一四〇目を負担することをベースに考えることとした（『梅津政景日記』）。そうやって、とにかく**三〇〇石ごとに騎馬武者一騎が従者九人を連れ、銀四二〇目を出して従軍すること**とする。

そのためには、ずいぶん芸の細かいことをやっている（「秋田藩採集文書」）。たとえば、一〇〇石の士一人と八〇石の士二人、四〇石の士一人を組み合わせて、ちょうど三〇〇石とし、一〇〇石の士が自身の従者三人を連れ、銀一四〇目を負担して従軍し、残る三人に人員六人と銀二八〇目を割り付けて提供させることとしたりしている。これが政景独自の工夫だったのか、他家でも同じようなことをやっていたのか知りたいところだが、それはわからない。

軍役の〈手抜き〉と過剰サービス

このときの佐竹家は、幕府に要求された人員・装備を満たして出動したのだろうが、指示されたとおりには出てこない、あるいは出られないという場合も当然あったに違いない。前章一項で触れた毛利《もうり》家の弓・鉄砲衆の例でも、具足《ぐそく》を着けてこいといいながら、具足のない者や弓衆は袖なしの胴服《どうふく》であってもよいとあった。このように指示した側が認めている場合には問題はない。問題は、軍役負担者が故意にサボったと見られる場合である。

小田原の北条家が動員をかけたときのいわゆる着到状《ちゃくとうじょう》を見ると、そうしたことに触れているものが何点かある。たとえば、天正《てんしょう》九年（一五八一）七月、池田孫左衛門尉に宛てた定書《さだめがき》（「小田原市郷土文化館所蔵文書」）は、末尾で一騎一人も不足のないようにし、所定の装備を整えて働くようにといい、背《そむ》いたならば「厳科」に処するとしている。

そうかと思えば、天正十一年（一五八三）三月、佐藤助丞に対する定書（「佐藤芳壽氏所蔵文書」）のように、働き次第で恩賞をやるからといっているようなものもある。まさに飴《あめ》と鞭《むち》の使い分けといったところである。

実際にも、さまざまな形で〈手抜き〉が行われたことは間違いない。永禄《えいろく》九年（一五六六）六月、北条氏照《うじてる》の出した着到状（「武州《ぶしゅう》文書」）には、これまでも準備不足で出てきたが、今度やったら知行を召し上げるぞといった文言がある。同じ文書に竹槍は御法度《ごはっと》だともあるから、通常の長柄槍《ながえやり》の代わりに竹槍を持ってきたことがあるのだろう。

永禄十二年（一五六九）十月、北条家が出した朱印状（「小田原市立図書館所蔵文書」）によると、備えの中に冑《かぶと》もかぶらず、頭を布かなにかで包んで出てくる者がいたらしい。雑人《ぞうにん》のようで見苦しいから、馬上の士でも徒歩兵でも、とにかく皮笠《かわがさ》くらいはかぶってこいとある。騎乗している士にも、そうした形で手抜きをする者がいたのだ。

天正十五年（一五八七）十二月に北条氏政《うじまさ》が出した軍役定書（「井田氏文書」）には、刀も差していないような小童《しょうどう》を着到の人数に入れてはいけないとある。年次は不詳だが、同様のことをいっている文書はほかにもある（「原文書」）。〈員数合《いんずうあわ》せ〉に子供を連れてくるようなことも、実際に行われていたのだろう。ヨーロッパでも、スイス傭兵《ようへい》の契約について、同じような問題があったと書いたものを読んだことがある。東西同じような問題があったのだ。

史料が残っていないだけで、**軍役の〈手抜き〉は、至るところで、さまざまな形で行われていたに違いない。**徳川家康が天正十八年（一五九〇）二月に示した軍法の一節にも、槍の装備に関して〈手抜き〉を警戒しているような文言がある（「浅野家文書」）。詳細は省略するが、同じ軍法は、十年後の関ケ原《せきがはら》の戦いのときにも出されているから、容易に改まらなかったのだろう（「関原始末記」）。

これらに対して、**要求された以上の軍役を務めるということもあった**ようである。島原の乱（一六三七〜三八）のとき、秋月藩《あきづき》（福岡県）黒田家も出兵を求められた。この家は五万石であるから、当時の幕府の軍役では、騎馬は七〇騎、鉄砲は一五〇挺《ちょう》を負担すればよかったはずだが、実際には、騎馬一三五騎を出したことが家譜《かふ》によって知られる。鉄砲に至っては、士分の者が自分用に携える持筒《もちづつ》六八挺を加えて二七八挺を用意している。

大サービスというものだが、こういうのは、褒められることはあっても、譴責《けんせき》されるようなことはなかっただろう。出すほうも、幕府の覚《おぼ》えがめでたくなることを期待して、そうしたに違いない。ただ、大坂の陣のときのように幕府が兵糧《ひょうろう》を負担したこともあるし、それ以前にも兵糧を官給していた事例があるようだから、そうした点ではなにか問題があったかもしれないと思うが、正確なところはわからない。

POINT

・部隊の人員については当時から異なる考え方があったり、課せられた軍役に対して過不足があったりして、動員の実態はいまだに疑問が尽きない。

二　鉄砲兵の集め方――戦場に並んだ鉄砲兵の出どころはさまざま

信長も秀吉も直属の鉄砲兵はそう多くなかった

戦国時代も先のほうへゆくにしたがって、たくさんの鉄砲兵が戦場に現れるようになる。彼らは、どうやって集められたのかというのが、かねてからの私の疑問である。

一般には、鉄砲兵を集団的に使うようになったのは織田信長で、長篠《ながしの》の戦い（一五七五）では、三〇〇〇人を戦場に配置したとされている。それらの鉄砲兵は、信長が抱えていた者たちであると、なんとなく考えられてきた。陸軍参謀本部編『日本戦史―長篠役』などは、信長は全体で一万人の鉄砲兵を擁していて、そこから三〇〇〇を選抜したのだと解釈していた。

こうした解釈は、学者・研究者にも受け継がれ、田中義成《たなかよしなり》氏（『織田時代史』）や佐藤堅司《さとうけんじ》氏（「日本陸戦法史一鳥瞰」）も、そのことを疑っていない。徳富蘇峰《とくとみそほう》氏に至っては、「当時において一万人の銃手中より、三千人を精選するがごとき、贅沢なることは、織田氏が別人の企て及ぶあたわざる富と、その富を有効に使用する、進取力とによるほかは、不可能のことじゃ」と手放しの賛辞まで寄せている(『近世日本国民史―織田氏時代』)。

今でも、このように考えている人は大勢いるようだが、それはまったくの見当違いである。そのことは、何十年も前から、私や藤本正行《ふじもとまさゆき》氏が指摘してきたところだが、いまだに徹底していないのである。

信長の旧臣太田《おおた》牛一《ぎゅういち》の『信長公記』によると、この戦いのとき、信長は「御《お》馬廻《うままわり》鉄炮五百挺」を武田方の対塁攻撃に向かう別働隊に付けているから、直属の鉄砲兵を連れていたことは間違いない。しかし、主戦場に配置した「鉄炮千挺ばかり」については、牛一はなにも説明していない。

そこで別の史料を検討してみると、筒井順慶《つついじゅんけい》から五〇余人(『多聞院日記《たもんいんにっき》』)、細川藤孝から七〇人ないし一〇〇人(「細川家記」)を提供させていることが明らかである。筒井も細川も、この戦いには従軍していないが、鉄砲兵だけは差し出しているのである。史料的には、この二家の分しかわかっていないが、他にもそうした例はあったと思われる。そのほかに従軍していた諸将の連れていた鉄砲兵もいたはずだから、それらもまとめて使われたのであろう。

要するに、**信長が長篠で使った鉄砲兵には、自身に直属するものと服属している諸将から提供させたものとがあった**わけである。このうち、「御馬廻鉄炮」については、信長本人が足軽として雇い入れた者たちをまとめて、鉄砲大将とか鉄砲頭とか呼ばれる指揮者に預けていたのだと考えたくなるが、それでよいのだろうか。

信長の後継者の秀吉も多数の鉄砲兵を擁していて、織田信雄《のぶかつ》・徳川家康と戦った小牧《こまき》の戦い（一五八四）のときの陣立てを見ると、九隊、一三二〇人がいた（「秋田家文書」）。彼らも、秀吉が集めて九人の指揮者に預けたと考えたいところだが、そうではなかったと書いたものがある。

「慶長記《けいちょうき》」によると、豊臣家では鉄砲頭、弓頭にそれぞれ何万石かの知行を与えて、鉄砲兵や弓兵を抱えさせていたのだという。つまり、これらの兵士は、**豊臣家に直属するのではなく、鉄砲頭や弓頭の家来だというのである**。だから「（豊臣家には）足軽なし」とある。

信長生前の天正九年（一五八一）十月、秀吉から淡路《あわじ》（兵庫県）の地侍《じざむらい》舟（船）

越景直《こしかげなお》に宛てて、かねてから弓衆を集め扶持《ふち》を与えて抱えておくようにいっておいたが、どうなっているかと尋ねている文書がある。景直は後に秀吉の鉄砲大将（銃士隊長）になっているが、こうした例を見ると、傘下《さんか》の部将たちがそれぞれ鉄砲兵や弓兵を抱えていたという「慶長記」の記事も、まんざら与太でもないのかもしれない。

別個に組織された鉄砲兵

織田、豊臣直属の鉄砲兵についてはそういうことだが、それでは信長に鉄砲兵を差し出した諸将、たとえば筒井家や細川家はどうしていたのだろうかというのが、さらなる疑問である。順慶や藤孝が直接抱えていた者たちであったのか、彼らが家臣たちから差し出させた者で鉄砲隊を組織しようとしていたのか、その辺が、まだよくわからないのである。

戦国大名が家臣に課した軍役には、当然、鉄砲兵も含まれている。それらの兵士は、軍役負担者である主人とともに行動したと思いたくなるが、必ずしもそうとはいえない。永禄十二年（一五六九）十月、武田信玄が市川新六郎という者に課した軍役定書（「市河文書」）には、持筒つまり自分の使用する鉄砲以外は、しかるべき射手を用意しろとある。ここから、そうした**射手は主人から切り離されて、別に組織されたのではないか**という見方も出てくる（長屋隆幸《ながやたかゆき》「江戸前中期における土佐藩の陣立」）。

北条家の軍役史料には、弓兵や鉄砲兵に指物《さしもの》の文様などを入念に指示して統一をはかっていると見られるものがある。これは彼らをそれぞれの主人のところから抜き出して、統一的に使うためではなかったかと藤本正行氏はいっている（「戦国期武装要語解」）。

それがはっきりしている例としては、天正十五年（一五八七）八月、太田（北条）氏房《うじふさ》の家老伊達房実《だてふさざね》から勝田大炊助《かったおおいのすけ》という者に宛てた文書（「勝田文書」）がある。氏房から六貫文の土地を与える代わりに鉄砲一挺・足軽一人を提供させ、それを伊達房実に属させるというものである。天正十七年（一五八九）十一月にも、給田の見返りに、鉄砲一挺を房実の下に提供させる文書が出されている（「武州文書」）。人員については触れていないが、趣旨は同じであろう。

史料が残っていないというだけで、他の家でも同じような形で鉄砲兵を集めて組織していたのではないかと思われるが、水軍関係では、もう少し違う事例もある。天正十一年（一五八三）に安芸《あき》（広島県）の小早川隆景《こばやかわたかかげ》は、鉄砲など持っている者なら、町の者でもよいから船に乗せろと指示している（「萩藩譜録」）。一種の傭兵かもしれないが、そんな手もあったのである。

傘下の寺などからも召集した本願寺

ここまで見てきたのとは違う形で鉄砲兵をまとめていた事例もある。紀州《きしゅう》（和歌山県）の根来衆《ねごろしゅう》は鉄砲集団として知られているが、その主体は新義真言宗《しんぎしんごんしゅう》本山根来寺の行人《ぎょうにん》層（いわゆる僧兵）であって、いくつもの子院に分属していた。鉄砲集団としての活動に当たっては、山内の協議に基づいて、それらの子院から提供させたのだろうと推測される。

同じ紀州の雑賀衆《さいかしゅう》も鉄砲集団として知られている。構成員に本願寺の門徒がかなりいたこともあって、石山合戦（一五七〇〜八〇）のほぼ全期間を通じて、本願寺は彼らに鉄砲兵の提供を求め続けた。その件について雑賀惣門徒あるいは雑賀御坊惣中に宛てた書状は、現存するものだけで一七通、求めた人数は最低一〇

○から最高一〇〇〇に及んでいる（太田宏一「雑賀衆と鉄砲」）。中には「鉄炮よき衆五百丁」などと、ぜいたくな注文の付いているものまである。

たいていの場合、雑賀衆はそうした要求に応じていたはずであるが、それらの鉄砲兵をどのように集めたのかは、根来衆の場合以上に見当が付け難い。雑賀衆は、地縁《ちえん》によって結合した在地の土豪《どごう》たちの集まりである。一口に土豪といっても大小があるが、おそらく協議に基づいて、鉄砲兵の出し方を決めていたのであろう。多くは本人自らが、それぞれ手回《てまわ》りの人数を引き連れて出たのではないかと思うのだが、これは想像である。

それにしても本願寺側からすれば、手紙一本で五〇〇とか一〇〇〇とかの鉄砲兵が集められるのだから、こんなに楽な話もなかったと思うのだが、そうとばかりはいっていられなかったらしい。田中圭一《たなかけいいち》氏が採集された史料（「石見満行寺《いわみまんぎようじ》文書」）を見ると、兵糧自弁《じべん》の鉄砲兵一人を提供させるために、本願寺の最高幹部の一人である下間頼廉《しもつまらいれん》がわざわざ石見（島根県）まで書状を出して懇請《こんせい》している。その者は無事に到着したが、今度は下間頼龍《らいりゆう》が礼状を出している。

その頃、本願寺は信長との講和を受け入れるかどうかでゴタゴタしており、諸国の末寺から鉄砲兵を一人ずつ差し出すよう求めていた。そうやって、**鉄砲兵を拠出させること自体に宗派としての政治的な意味があった**とも考えられるが、それだけではあるまい。

年紀は不明だが、石山合戦の比較的早い時期のものと思える文書で、丹波《たんば》の山村から本願寺防衛の兵士（番衆《ばんしゅう》）と鉄砲二挺を苦労して大坂の本山に送り込んだというものがある（金龍静《きんりゅうしずか》「戦国期一向宗の地平」）。その鉄砲がどういうものであったかはわからないが、とにかく**鉄砲は貴重品であったのだろうし、それを操作できる人間もそれに劣らず貴重であった**と理解しておくべきだろう。

そう考えれば、たとえ寄せ集めでも、長篠の戦場に「千挺ばかり」（『信長公記』）もの鉄砲兵を並べるには、信長もずいぶん苦労しただろう。信長が「鉄炮よき衆五百丁」という要求にこたえられた雑賀衆に手こずったのも不思議ではない。

POINT

・鉄砲兵には直属の兵士のほか、さまざまな家や寺などから派遣された者がいた。
・鉄砲も鉄砲兵も貴重な存在だった。

三　集団戦闘の訓練――訓練がなくては集団戦は戦えない

徒歩兵が増え、戦闘も集団化した

数字をもって示すことは難しいが、南北朝時代頃から、**一軍に占める徒歩兵の比率が上昇した**ことは、まず間違いない。それとともに、戦闘力としての徒歩兵の比重も大きなものとなったといえよう。率直にいって、戦国酣《たけなわ》の頃ともなれば、騎馬の士がそれらしい働きをしなくても、戦闘の行方に影響することは余りなかっただろうが、徒歩兵がまともに働いてくれなかったら致命的な結果になったに違いない。

それと歩調を合わせるように**戦闘が集団化するという現象も目立ってくる**。徒歩兵の比率・比重の上昇と戦闘の集団化は、理論的には絶対につながらなければならないわけではあるまいが、現実には相関関係にあったことは疑いない。

そうであれば、これら徒歩の兵士たちを集団戦に対応できるよう訓練する必要が出てきたはずであるが、私の知る限り、〈証拠〉となりそうな史料は余りない。

そう見るのは私だけではなく、銃隊訓練について検討した結果、集団訓練は、ほとんど行われなかったのではないかと結論している研究者もいるくらいである（久保田正志《くぼたまさし》『日本の軍事革命』）。

徒歩兵がある程度まとまって活動する場面が軍記などに登場するのは、弓兵の事例が早い。『太平記《たいへいき》』には、徒歩弓兵の活躍場面がひんぱんに現れるし、明徳《めいとく》の乱（一三九一）のことを記した「明徳記」には、簡便な甲冑《かっちゅう》で共通の出で立ちをした一団が描かれたりしている。これらは軍記物の記事ではあるが、作者の創作といったものではなく、当時の状況を反映していると見てよいだろう。

集団戦闘が行われるようになり、大量の武器が一つの戦場に持ち込まれるとなると、兵士を統制して規律を保たせることが、特に重要になる。それは武器を効果的に使うためであることはもちろんだが、味方同士で事故を起こさないためにも必要であった。こうした問題は、槍や刀のような接戦用の武器でもなかったわけではないが、飛び道具の場合にはなおさらである。各人勝手に矢を射たら危険でかなわない。

太田道灌は弓兵を集めて訓練していた？

飛び道具を持たせた兵士には、危険回避のためにも訓練が必要になったはずだが、それを示す史料は見当たらない。実は、ヨーロッパでも、ある時期から徒歩弓兵がさかんに用いられるようになったので、軍事史学者の中には、そうした疑問を抱いた人もいるようだが、海の向こうでも、そうした史料は、いまだ見つかっていないらしい（J・キーガン【戦争の歴史】）。

わが国でわずかにそれらしいものがあるとすれば、太田道灌《おおたどうかん》（資長《すけなが》）が江戸城で兵士に弓の練習をさせていたという話くらいだろう。これは道灌と親交のあった万里集九《ばんりしゅうく》という元僧侶で詩人であった人が、文明《ぶんめい》十七年（一四八五）に実見して書き残しているものである（「梅花無尽蔵《ばいかむじんぞう》」）。

それによると、**道灌は、毎朝、数百人の兵士に弓の稽古をさせ、上中下の格付けをしていた**という。馬上の射術《しゃじゅつ》（騎射）ではなく、徒弓《かちゆみ》の稽古だったことは明らかだが、出で立ちも姿勢も思い思いにやっていたようで、集団としての射技の訓練ということではなかったようである。個々人の練度を高めることで、集団としての規律を保たせるということかもしれないが、それで果たして統制が取れたのだろうか。

もっとも、集九は、道灌は毎月二、三回、兵士を集めて「矛《ほこ》をとり、鉦《かね》を撃ちて」閲兵《えっぺい》していたが、その有様はまことに厳正だったとも記している。「鉦」とは陣鐘《じんがね》の類《たぐい》か銅鑼《どら》のことかわからないが、そういうものを鳴らして兵士を動かしていたとすれば、単なる査閲《さえつ》ということではあるまい。

道灌は「足軽軍法」に達していたと伝えられている人である。そうやって兵士を散開させたり、集結させたりする訓練を行っていたのかもしれないと考えたくなるが、道灌が軽装の歩兵部隊を創設して運用したというたしかな史料はないそうである（西股総生《にしまたふさお》『東国武将たちの戦国史』）。太田家側の史料には「足軽之軍法」という言葉は出てくるが、具体的な説明はなにもない（「太田家記」）。

武田信玄の槍術は集団戦の訓練だった？

武田信玄も、集団的な戦闘を心がけた人だといわれているし、日ごろ兵士の訓練に留意していたこともわかるが、団体としての訓練を行っていたかどうかまでは、同時代の史料からは明らかでない。その点については、信玄の遺法だという槍術訓練法が幕末の頃まで八王子《はちおうじ》辺りに伝えられていて、それを見たことがあるという勝海舟《かつかいしゅう》の談話が残されているくらいである（『氷川清話《ひかわせいわ》』）。

海舟の言葉をそのまま引いておくと、「その槍を使うのを見ると、近頃《ちかごろ》のように、御面御胴《おめんおどう》という風な、個人的の勝負ではなくって、大勢の人が、一様に槍先きを揃えて、えいえいえいと声をかけながら、初めは緩《ゆる》やかに、次第々々に急になり、漸《ようや》く敵に近づくと、一斉に槍先きを揃えて敵陣に突貫《とっかん》するのだ」とある。

海舟は、これを評して「ちょっと見たところでは、甚《はなは》だ迂闊《うかつ》のようだったが、おれは後で西洋の操練を習ったから、初めてこの法のすこぶる実用に叶《かな》って居ることを知った」といっている。また「（信玄の兵法は）規律あり節制ある当今の西洋流と少しも違わない」と高い評価を与えている。彼が西洋兵学を学ぶ前のことというから、かなり若い時分に見たのだろうが、よほど印象が強かったようだ。

八王子には、「千人同心《せんにんどうしん》」と呼ばれる武田の遺臣たちが置かれていた。彼らの主な任務は江戸から甲府に通ずる甲州口の警備と、東照宮のある日光の防災であった。十人いた千人頭《せんにんがしら》は旗本《はたもと》身分だったが、配下の組頭と平同心は一格下の御家《ごけ》人《にん》の扱いであった。実際には、平の同心は農民と同じで、わずかな田畑を与えられて、平生は農耕に従事していたようである。

それでも一応は軍人であるから、定期的に訓練は行われていたという。海舟のいう信玄の槍法も彼らが伝えたと考えたくなるが、同心たちは、毎月六の日に浅《あさ》川《かわ》の河原へ出て、各自約二メートルほどの樫《かし》柄、握《にぎ》り太《ぶと》の槍を持ち、五人一組で川へ入って水面を叩きたてる訓練をしていたという話も残っているようだ（高沢憲治「八王子千人同心」）。

海舟のいう槍法とはかなり違うが、**五人一組で行ったというのだから、個人技ではなく、集団としての訓練であったことはわかる**。また、太平の世になると槍はもっぱら突くものと考えられるようになったが、戦国時代には、むしろ振り回して敵を叩き倒すものであった。そこでの訓練が古法を伝えたものであることも疑いようがない。

ただ、訓練に使った槍が約二メートルだったというのは、少し気にかかる。千人同心の家に生まれた三田村鳶魚《みたむらえんぎょ》氏も、実家に「樫の木の一間（注：約一・八二メートル）柄」の槍があったと書いていたが、いささか短かすぎる。武術家で時代考証家だった名和弓雄《なわゆみお》氏など、二間半（約四・五メートル）の稽古槍を使ったといっている人たちがいるが、そちらのほうが正しいのではないかと思う。

名和氏は、かつて千人同心の古老から聞いた話として、「発進、集合、散開、槍ぶすまの組み方、上槍《うわやり》叩き込みの法、平場《ひらば》の大槍（注：対騎馬用の槍法）などの長柄槍技法」が伝わっていて、訓練が行われていたとも記されている（『絵でみる時代考証百科―槍・鎧《よろい》・具足編』）。「上槍叩き込みの法」の訓練は、川畔に横一列に並んで、太鼓《たいこ》の合図で水面を打ち叩くものだったというから、先の話とほぼ同じである。

海舟の語り残した槍法も、名和氏の記している一連の訓練の中で見られたものかもしれないが、今となっては確認の仕様がない。

鉄砲兵は個々に熟達を図っていた？

それでも弓兵や槍兵《そうへい》については、その程度の話はあるが、鉄砲兵となるとなにも材料がない。しかし、本当に集団としての訓練が必要とされるのは鉄砲兵なのである。多数の鉄砲を効果的に使うためだけではなく、事故回避のためにも、それは必要であった（M・V・クレヴェルト【技術と戦争】など）。誤って使われた場合の鉄砲の危険性は、槍はもとより、弓矢の比ではないからである。

誤発射がとんでもない結果につながることはいうまでもないが、それは本人の不注意だけではなく、他人に接触されたりした場合にも起こりうる。また、当時の火縄銃《ひなわじゅう》では、常に火薬と生火《なまび》を持ち歩くわけであるから、引火事故のおそれも常時付きまとう。

小銃の本場のヨーロッパでも、そういう点は早くから気づかれていたが、集団的な訓練はなかなか行われなかったらしい。当初は、小銃の扱いにすでに慣れた者を集めてきて使っていたようだという（バート・S・ホール【ルネッサンス期ヨーロッパの武器と戦争】）。それでも、事故回避もできないような者は危なくてかなわないから、十六世紀中には集団的な訓練が始まったらしい。

わが国でも**紀州の雑賀衆などのように、集団的な鉄砲の使用を実行していたと見られる人たちがいる。**彼らの働きぶりからすると、**団体での訓練がなければ難しかったのではないか**と思えるので、地元の研究者の人たちとも、たびたび話したことがあるが、そうした史料は見つかっていないようである。

前出の久保田正志氏もいうように、鉄砲隊の団体訓練の痕跡はここでもなく、ヨーロッパでも、しばらくはそうであったように、各人を鉄砲の扱いに熟達させることで対応していたとでも考えるほかはない。

POINT

・戦闘が集団化すると、不要な危険を回避し、武器を効果的に使うために集団での訓練が必要になったはずだ。
・弓兵や槍兵の集団訓練ではないかと推察される話はいくらかあるが、鉄砲兵については史料が見つかっていない。

四　根こそぎ動員された人たち
──町や村から連れ出された「にわか兵士」がいた

有事となれば庶民もかき集められた

戦場に出た者の中にも、戦闘に加わることが想定されている者とそうでない者とがいたことは、第一章六項などで触れたが、最初から、そもそも戦場に出ることなど予定されていない者も大勢いた。**農民もそうだが、商人、僧侶、遊芸人など職業的にもさまざま**ある。だが、時としてそういう者に対しても、**戦国大名が根こそぎ的に動員をかけることがあった**。そういう者たちは、どうなってしまったのだろうかということが、ずっと気になっている。

具体例でいうと、天文《てんぶん》七年（一五三八）七月、信州（長野県）の諏訪《すわ》・小笠原《おがさわら》連合軍が甲州（山梨県）に乱入してきて、武田勢と一日数度の激戦になったことがある。武田方が危うくなったというので、甲府の留守居をしていた原加賀守が二十歳から五十四、五歳までの近在の地下人《じげにん》（庶民）や甲府の町人たちを五〇〇人ばかり駆り集めた。

それらの者に古具足を着せ、紙旗を立てさせ、古い槍や竹の柄《え》に古い槍の穂をはめたものを持たせて、戦場に駆けつけたところ、それを見た信州勢が崩れたという（『甲陽軍鑑《こうようぐんかん》』）。ということで、このときは敵に接触しないで終わっているが、場合によっては、戦場に投入するつもりだったのだろう。ただ、この話がどこまで本当なのかはわからない。

天正四年（一五七六）五月、織田信長は本願寺勢の攻撃を受けた天王寺《てんのうじ》（大阪市）の砦を救うため自身出馬したが、配下の諸将にも参陣を命じた。その一人、筒井順慶は、奈良中の十五歳から六十歳までの男子を総動員したと、奈良の僧侶が書いた『多聞院日記』にある。砦の救援のためであるから、いざとなれば戦闘に参加させるつもりだったのだろうが、間に合わなかったのか、間に合っても犠牲者を出さなかったのか、『多聞院日記』には、それ以上なにも書いていない。

翌天正五年七月には、甲斐《かい》（山梨県）の武田勝頼が大動員をかけた。遠江《とおとうみ》・三河《みかわ》への出兵準備だろうが、「当家興亡の基」となることであるから、「領中之貴賤《りようちゆうのきせん》十五以後六十以前之輩《のやから》」はすべて出て来いとある（「判物証文写」）。外聞《がいぶん》を失うことになっては「当家滅亡之瑞相《ずいそう》」であり、各自の「滅却之基」だという文言もあるが、結局、この年には大規模な軍事行動はなかった。

翌年の天正六年五月には、常陸《ひたち》（茨城県）の佐竹家が小田原の北条家と対決するため、結城《ゆうき》（茨城県）・宇都宮《うつのみや》（栃木県）領の町村の十五歳から六十歳くらいまでの男性を総動員した。実現したとしても、両軍が正面から激突することはなかったようだから、犠牲者もなかっただろう。

天正十二年（一五八四）八月には、徳川家康が駿河《するが》（静岡県）志太郡《しだぐん》の諸郷に大動員をかけ、十五歳から六十歳までの者は、すべて出て来いといっている（「原川文書」）。この頃、家康は信長の次男信雄《のぶかつ》をかついで、尾張《おわり》（愛知県）で秀吉勢と対峙していたが、兵力的には大きな格差があった。それで総動員を考えたのだろうが、文書が残っていないというだけで、志太郡以外にも同様の措置がとられたであろうことは、想像に難くない。

動員に当たっては、大旗一本と各自が腰指《こしざし》（小旗などの合印《あいじるし》）を用意し、弓・鉄砲・槍のいずれかを携えてくるよう指示されている。**単なる〈見せ勢《みぜい》〉ではなく、戦力として期待されていた**ことは明らかである。実際にも、志太郡の十七か村から一〇〇〇人ばかりが集められ、原川新三郎という者に率いられて尾張に向かい、秀吉との講和が成立した後、帰村したようである。その間、大きな戦闘はなかったから、余り損害を出すこともなかっただろう。

小田原北条家の、身分を問わない大規模動員

この種の根こそぎ動員として、よく知られているのは、小田原（神奈川県）の北条家の事例である。この家は秀吉に屈服するかどうかで迷っていたが、対決が

避けられなくなった場合を予測した天正十五年（一五八七）頃から、しきりに分国に動員令を出している。

この年七月晦日《みそか》付けで出されたほぼ同文の定書が何通も残されているが、各郷ごとに最低一人から八人くらいまでの人数を出せといっている（「八王子市郷土資料館所蔵文書」など）。**侍であると凡下《ぼんげ》（平民）であるとを問わず、十五歳から七十歳までの者**を選び、弓・鉄砲・槍のいずれかを用意して来いとある。槍の柄は竹でも木でもよいが、二間（約三・六メートル）より短くてはいけないといった注意もある。**単なる陣夫などではなく、一応、戦闘要員と考えられていた**ことは明らかである。

翌年七月頃になると、一段と要求がきびしくなる（「相州文書」）。前年は郷ごとに人数を割り当てていたのだが、今度は**十五歳から七十歳までの男子はすべて**出ることとされている。遊芸人なども例外ではないとか、郷に残るのは、七十を越えた老人、十五歳未満の児童、一定の任務を命ぜられた者、陣夫などに限られるとか、わざわざ念が押されている。一人でも隠したら、その郷の小代官と百姓頭の首を切るぞと脅しをかけるのも忘れていない。

その一方で、弓や槍を持ってこられない者は、鍬《くわ》、鎌《かま》でもよいから持って来いとあるから、**必ずしも戦闘要員としては期待していなかった**とも取れる。また、心がけのある者は、槍先を磨《みが》き、紙小旗でも持って出てくれば、郷の中で適宜望みをかなえてやるとか、出家《しゅっけ》（僧侶）でも志があれば出てくるようにともいっている。もともと、軍務に服する義務を負っていない者を引っぱり出そうというのだから、飴と鞭の使い分けをせざるをえなかったのだろう。

犠牲者は少なかったらしい

北条家と秀吉との戦いは、結局、天正十八年（一五九〇）に開かれた。このとき、北条家側は、小田原の本城に五万六〇〇〇余を集めたといわれ、各地の支城を守った人数を加えれば一〇万くらいはあっただろうという見方もある。それらの人数の中には、強引《ごういん》に動員された軍役対象外の者も、かなり含まれていたかもしれない。

そうであれば、犠牲となった者も多かったのではないかと思われるが、小田原の本城では、きわめて限られた範囲の戦闘しか行われなかった。山鹿素行《やまがそこう》などは、城兵が敵の首を取った例など、ろくになかったといっているくらいである（『武家事紀』）。駆り集められた人たちが在城したとしても、死傷者はほとんど出なかっただろう。支城では、戦闘が行われたところもあるから、若干の犠牲者は出たかもしれないが、具体的なことはわからない。

ということで、たまたま私の見てきた根こそぎ動員の事例では、余り犠牲者は出ていないようである。だが、常にそうであったかどうかはわからない。軍学者の大道寺友山《だいどうじゆうざん》は、仮に合戦で戦死者が一〇〇〇人出たとすると、侍分は一〇〇人とか一五〇人くらいのもので、残りは、足軽、長柄（足軽）、旗持ち、雑人の類だったといっている（「落穂集」）。そういう中に無理に連れて来られた農民や町人がまじっていたことは、十分考えられる。

大坂落城（一六一五）のとき、東軍の部隊の中には、首数を稼ぐために承知で町人や百姓の首まで取っていたものもあった（「大坂陣山口休庵咄」）。この場合などは、駆り出されてきた者どころか、たまたまその辺りに居合わせただけの者であったかもしれない。

POINT

・有事には農民や町人などが戦場に動員される例が少なくなかった。
・持参する武器を指定している例もあり、戦力として期待されていた場合もあった。
・本書で取り上げた事例においては、犠牲者は余り出なかったと見られる。

五　軍令と規律の保持の実態――どこまで厳格に適用されたのか

戦国時代にも軍法はあった

火薬の使用、さらにそれを用いる火器の普及が、近代的な軍隊の誕生につながったという見方は、ヨーロッパでは一種の歴史常識のようになっているようだが、そうとはいえないという主張もある。たとえば、社会学者のマックス・ウェーバーは、変化をもたらしたのは火薬ではなくて規律であったといっている。火薬やそれに関連するあらゆる戦争技術は、規律が存在して初めて意味を持ってくるというのである。

ヨーロッパ近代の軍隊が、厳しい統制のもとに運用されていたことはたしかであるが、それがあったから近代化できたのか、近代化に伴って、そうした傾向が顕著になっていったのかは、よくわからない。まあ、近代の軍隊と規律が不可分の関係にあったことだけは間違いあるまい。ひるがえって、わが国の戦国時代には、規律の問題はどう考えられていたのだろうか。

結論からいえば、戦国の諸侯も、規律に無関心だったわけではない。それをうかがわせるような話もあるし、**成文化された軍法（この場合、軍律《ぐんりつ》、軍令《ぐんれい》の意味）の類もいくらも残っている**。着到定書などが装備についてうるさいことをいっている例があることは、別の項で触れたが、これも一軍の統制を保とうという意向の表れだろう。ただ、そうしたものは、どうしても時代の下がった頃になって目立っている。これをどう解釈すべきだろうか。

たまたま新しいものが残りやすかっただけだと解すれば、早くから規律保持についての関心は高かったと考えることもできる。そうでないのならば、時代とともに、そうしたことに目覚《めざ》めていったのだということになる。また、どちらにしても、戦国時代の終わる頃になっても、まだ口やかましくいわねばならなかったということは、軍律がいかに守られ難かったかを物語っているとも受け取れる。

大坂の陣の禁止事項

答えは、そう簡単には出てこないが、戦国の終末である大坂冬の陣（一六一四）と翌年の夏の陣に当たって、将軍徳川秀忠《ひでただ》の名で諸将に示された軍法がある。軍令であるから、○○すべし、○○すべからずという形で条項を並べているが、後者つまり禁止事項として、どういうことが挙げられているかを元に考えてみよう（「伊達文書」「御当代諸法度」）。

両度とも、最初に置かれているのは、**喧嘩口論《けんかこうろん》は堅く禁ずる**ということで、違背した者は、理非《りひ》を論ぜず、双方誅罰《ちゆうばつ》するとある。「喧嘩両成敗《りようせいばい》」の思想である。さらに、親類縁者、朋輩《ほうばい》・知人で一方に加担した者は同罪であるし、逆に主人が放置しておいたことが、後日判明したら、そちらも重罪にするとあって、きわめて厳しい。

次に先陣を越えて進んではならないとあり、そういう者は、たとえ高名があっても、軍法に背いた以上は罪科に処するとある。これは要するに、**抜《ぬ》け駆《が》けを禁**

止するということである。付則として、先手に断らずに物見を出してはならないとあるのは、物見と称して抜け駆けを試みる例が実際にも多かったからである。

その次には、**理由なくして他の備え（部隊）に立ち混じるな**ということがある。違背した者は、武具・馬ともに取り上げるとあるから、馬乗り身分の士を想定しているのかもしれないが、その主人がごちゃごちゃいったら同罪だともある。

きわめて厳しいのは**「押買狼藉《おしかいろうぜき》」の禁止**である。「押買」というのは、いやだというのに物を買い取ることだが、「狼藉」と並列されているのは、事実上の略奪を想定しているのかもしれない。冬の陣では成敗すべきものとしていたが、夏の陣では死罪に処すべきものとしている。同じ意味だが、余りにも弊害があったので、言い方を強めたのかもしれない。

そのほかには、行軍のとき脇道に入るなとか、陣中で馬を取り放すなとか、奉《ぶ》行人《ぎょうにん》の指示は守れとかいったことが並んでいる。これらについては、違背したらどうするということは個々にはいわず、末尾でひと括りに、厳科に処するといっているだけである。

この大坂の陣では、幕府が示したもの以外に、各家で軍法を定めている例も多い。そのうち井伊《いい》家が夏の陣に定めたものは、十五か条あるが、全般として強調されているのは、上部の指令に従えということである（「井伊家文書」）。下知なくして備えを抜ける者は成敗《せいばい》するとか、戦闘に当たっては、どういう状況であっても下知があった場合には、すべてを放擲《ほうてき》してそれに従わなかったら成敗するとかいった具合である。

抜け駆けに厳格な軍令と甘い処分

こうした若干の例を見ただけでも、放っておいたら自分勝手な行動をする奴がいかに多かったかの〈証明〉のように思われる。そもそも、そういう状況は、昔からあったことではないかと考えられるし、かつては〈公認〉されていた行為もあったのではないだろうか。そうだとしたら、どこまで厳格に適用されたのか、なおさら気になってくる。

具体例として抜け駆けを考えてみよう。第一章三項で毛利家の桂元盛《かつらもともり》の覚書《おぼえがき》を取り上げたが、それによると、元亀《げんき》元年（一五七〇）二月に起きた戦闘について、「其節《そのせつ》は御人数《ごにんずう》だて（立て）など有る事もこれ無きに付て、人々我《われ》先にと罷《まか》り越し候」とある（「桂岌圓覚書《かつらきゅうえん》」）。

これを素直に解釈すると、各部隊の区分や部署がはっきり決まっていなかったから、進み出たい者は、われがちに前線に出てしまったということになる。これでは、大坂の陣の軍法にある先陣を越えて進むな、もなにもあったものではない。備え立てがなかったというのが事実であれば、他の備え（部隊）に立ち混じるなどということも、そもそもありえない。

実は、それ以前の天文二十二年（一五五三）九月、毛利元就《もうりもとなり》・隆元父子が定めた軍法には、大将の下知に背く駆け引きをするのは不忠であるとか、そのときの大将および軍奉行の命令に背く者は忠節としないとか記されている（「毛利家文書」）。桂元盛のいうようなことは、そこに含まれないのか、軍法が有名無実だったのか、疑問の残るところである。

ということで、「桂岌圓覚書」の記事は、余り素直に受け取れないところがあるが、それに近い証言は別にある。渡辺勘兵衛《わたなべかんべえ》（了《さとる》）の覚書によると、天正十一年（一五八三）二月、秀吉が北伊勢に出兵したときのこととして、「其頃《そのころ》は諸備より先手へかかり候心懸《こころがけ》の侍数多御座候《あまたござそうろう》」とある（「渡辺勘兵衛武功覚書」）。

自分の所属する部隊を離れて先陣の部隊に加わってしまう者が大勢いたというのだから、裏を返せば、本人の心がけ次第で、どの部隊からでも先手に立ち混じって働くことが容認されていたことになる。ただ、天正十九年（一五九一）に蒲生《がも》氏郷《うじさと》が抜け駆けした二人の士を軍令違反として切腹させたという話もある（「氏郷記」）。氏郷は、他の備えに立ちまじるなという軍令を出していたようだが、それにしても厳しい。

わずかな間に、抜け駆けは、それほど厳しく規制されるようになったと考えたくなるが、実は、大坂の陣でも抜け駆けをして、軍令違反に問われた者はいた。私の知っている例では、井伊家の家臣と幕臣にそうした例があるが、ともに許され、地位・身分にも変動はなかった（「井伊家文書」『寛政重修諸家譜《かんせいちょうしゅうしょかふ》』）。

寛永十五年（一六三八）二月、島原の乱で原城を落としたときにも、幕臣で鍋《なべ》島《しま》家に軍監《ぐんかん》（軍目付）として付けられていた榊原職直《さかきばらもとなお》と息子の職信《もとのぶ》が抜け駆けをしている。軍監が先立ちでそういうことをするとは問題であるし、その結果、攻撃側は余計な損害を出すこととなった。定《さだ》めし厳罰に処せられたのではないかと思うが、親子で二年ほど閉門《へいもん》になっただけで、また役職に就いている。そのときの知行も閉門前と変わっていない（『寛政重修諸家譜』）。

これだけの事例で結論を出してはいけないかもしれないが、**抜け駆けについて見る限り、明らかに軍令違反とされながら、処分はすこぶる甘かった**という感じである。蒲生氏郷は、その人柄もあって、いささか厳格に過ぎたのかもしれない。これでは他の軍令違反も似たり寄ったりだったのではないかという疑問はぬぐえないところだ。

POINT

- 喧嘩口論や抜け駆けの禁止、押買狼藉の禁止など、戦国時代にも事細かに軍令が発せられたが、規律を守らせるのは容易ではなかった。
- 軍令違反があっても、実際の処分は余り厳しくなかったと考えられる事例も少なくない。

六　ヨーロッパの軍隊と日本の軍隊の違い
——ヨーロッパ式の軍隊をつくろうとしなかった日本

途中から方向の違った日本とヨーロッパ

わが国の中世の歴史とヨーロッパ、ことに西ヨーロッパのそれとは、ともに封建制の時代を持ったことなどもあって、よく似たところがあるといわれることが多い。軍事面でも、たしかに共通した点が見られるが、十六世紀の後半くらいから、少しずつ方向を異にするようになる。それは、ヨーロッパではもちろん、わが国でも火器が普及・定着してきた時期であるが、新しい事態に対応するため、どういう軍隊をつくるかというところで、結局違う道が選ばれたのである。

具体的にいうと、ヨーロッパでは「騎士」に代表される旧来の騎馬武者に代わって、一五五七年頃から近代的な「騎兵」というものが現れた（J・エリス【騎兵】）。だが、わが国では、そういうことは起きなかった。その点はすでに取り上げたとおりで、戦国酣の頃も幕末維新の頃も、騎馬の士の実態は基本的になにも変わっていない（第二章二項参照）。

徒歩の兵士については、ヨーロッパでは、次第に鉄砲が主たる武器となり、集団化が進んだ。わが国でも同様の傾向はあったが、彼らが隊伍《たいご》を組んで、進めといわれたら進み、止まれといわれたら止まるといった整然たる行動をとるまでには至らなかった。まして、十八世紀中頃にプロシアで完成されたような一隊が一個の機械のように動く軍隊などというのは、幕末に西洋兵学が導入されるまで、わが国では想像外のものであった。

もっとも、そういう軍隊をつくりたいという希求は、なかったわけではないらしいというのが私の考えである。だが、実現を見ないうちに太平の世に入ってしまったので、課題自体が消滅してしまったのではないかと思われるが、そのことは次章で改めて取り上げる。

機械のように動くヨーロッパの鉄砲隊

ここでは徒歩の鉄砲兵について考えるが、アメリカのR・R・パーマーという学者が「王朝戦争から国民戦争へ」という論文で説明しているところによると、ヨーロッパで一隊を一個の機械のように動かす戦法が発達したのには、二つの要因があったという。

一つは、**当時の兵士たちが信頼できるような存在ではなかった**ということである。彼らの多くは社会からの疎外者であり、勇気、忠誠心、団結心、犠牲的精神、自主性といった点において、支配者や貴族たちからすれば、とうてい信用できる存在ではなかった。一方、将校たちも、若いだけがとりえのような青年貴族が大半を占めていた。こんな集団では、とことん規律でしばり、徹底した訓練を加えて、ひとまとめにして使うほかはない。

もう一つの要因は、当時の主武器である燧石《すいせき》式の銃にあった。正確にいえば、前装式滑腔《ぜんそうしきかっこう》燧石銃である。先込め式で筒の内部はツルツル、燧石と鋼鉄をぶつけて発火させるものであるが、火縄を別に用意して点火する火縄銃にくらべれば操作も簡単であるし、生火を持ち歩かない分、安全性も高い。しかし、射程が短いことは変わりがないし、発火させるのに力がかかるため、狙いがぶれ易く、命中精度がきわめて悪かった。それで**敵に付け入られないようにするためには、しっかり隊列を組んで、整然と発射を続ける必要があった。**

これをわが国に当てはめてみると、兵士の素質がよくなかったところは、似たり寄ったりというべきだろう。前項で見たように、規律を保たせるのは容易なことではなかった。桂元盛や渡辺了のいっていることを信用すれば、戦国時代もかなり後の頃まで、誰でも勝手に先陣に加わることが許されていた。それを逆にいえば、最前線に出たくない者は、後ろのほうで固まっていたのではないかということになる。それを裏書するような話もある。

これは士分の者たちの話だが、それより下の連中にしたって同じことだったろう。危ない目に遭いたくないという気分は、彼らのほうが強かったかもしれない。その一方で功名や略奪の機会を求めて出ていこうとする者も少なからずいたと思われる。士たると卒たるとを問わず、**飛び出したい者と逃げ出したい者を一緒にして管理しなければならなかった**のだから、戦国武将たちも頭が痛かったはずである。

もう一つの要因である燧石式の銃であるが、ヨーロッパで戦場での実用に耐えうるようなものになったのは一六一五年のことであり、普及・定着したのは十七世紀末だったといわれる。ちょうど戦国時代が終わる頃、実用のメドが立ったということで、こちらの要因は、わが国ではまったく関係がなかったことになる。

集団的な使用の必要性は、火縄銃でも同じではなかったかという考えもあろうが、少し違うところがある。火縄銃の場合には、安全管理上の必要などから、鉄砲兵は前後左右をかなり空けた形で配置しなければならなかった。よく、織田信長は鉄砲兵を密集させて使ったなどと講釈している例があるが、それは真っ赤なウソである。鉄砲兵を集団としてまとめて使うことと、隙間《すきま》もなく並べることとは、まったく別である。

職人芸と個人的功名を重視した戦国人

そう考えてくると、わが国でヨーロッパ式の軍隊がつくられなかった理由は、使用した銃器の違いにあったことになるが、それでよいのだろうか。大胆なことをいうようだが、燧石式の銃がもう少し早く実用化されていたとしても、日本人は、そうすんなりとは受け入れなかったのではないだろうか。それがかねてからの私の疑問である。

天正十九年（一五九一）、火縄を用いない新式の小銃がインド副王から豊臣秀吉に献上されている（ルイス・フロイス『日本史』）。燧石銃であったのか、歯輪銃《しりんじゅう》（黄鉄鉱《おうてっこう》などと鋼鉄の転輪をぶつけて発火させる銃）であったかは不明だが、秀吉が興味を示した形跡はない。当時、秀吉は海外制覇の野望に燃えていたのだから、役に立つと思えば、さっそく量産にかかろうとしたはずだし、それを可能にする技術力、生産力もあったはずだが、そうはしなかったのである。

この時点では、燧石銃はいまだ完成の域にはほど遠かっただろうし、歯輪銃は構造上故障が多かったといわれるから、そうした技術的な問題から採用が見送られたのかもしれない。しかし、燧石銃がもっと早く完成して輸入されていたとしても、わが国ですんなり受け入れられたかどうかは、きわめて疑問である。

燧石銃は火縄を使わないから安全性も高く、操作も容易だった。したがって、速射には向いているが、発火に力がかかるから命中精度に難があった。命中精度の高さと発射弾数の多さ（速射）というのは、小火器の登場以来、二律背反《にりつはいはん》的な命題であったが、燧石銃の登場によって二者択一が迫られたともいえる。その結果、ヨーロッパの軍隊では速射が選択された。

それによって、どういうことが起きたかというと、当初は兵士たちに認められていた狙い撃ちは次第に禁止されるようになり、狙いを定めることなく、ひたすら前方を撃つことだけが求められるようになった。

しかし、とかく〈職人芸〉の好まれるわが国の民族性を考えると、**命中精度を捨てて、速射を選ぶなどということは、まずありえなかった**だろう。後に高島《たかしま》秋帆《しゅうはん》が西洋式火術を紹介したときも、命中精度をもっぱら重視する旧来の砲術家からは、燧石銃よりも火縄銃のほうがすぐれているという意見が出たくらいで、安全性や操作の容易さという利点を考慮したとしても、簡単に火縄銃を手放したとは思えない（所荘吉「砲術と兵学」など）。

もう一つ、ヨーロッパ式の没個性的な戦法の採用を拒んだと思われるのは、**各兵士の個人的功名への執着**である。鉄砲兵などは、個人的功名とはもっとも縁遠い位置にいたはずだが、実態はそうではなかった。その証拠はいくらもある。

これには戦国武将も苦労したようで、上杉景勝《うえすぎかげかつ》が慶長五年（一六〇〇）九月に出した軍法には、弓・鉄砲の者は、敵の首を取ってはならないとある。その代わり、証拠があれば褒美をやるともいっている（「上杉家文書」）。

もっとも、上杉家が慶長十九年（一六一四）十一月に出した軍法では、鉄砲兵が敵を撃ち倒しても首を取ってはならない、どんな場合でも鉄砲を捨てたりしたら成敗するとあって、褒美のことなどには触れていない（「上杉家文書」）。やっと、鉄砲兵に関する限り、歯止めがかかったということなのだろうか。

実はヨーロッパでも、逃げたい兵士と飛び出たい兵士への対応は、きわめて厳しいものがあった。さきのパーマー氏の挙げている十八世紀の鉄砲兵の例では、ちょっとでも逃げ出すような素振《そぶ》りを見せたり、列外に出たりした者は、背後にいる下士官の銃剣で容赦なく刺し殺された。一方、敵を敗走させた場合には、横隊を崩すことなく、その場に停止しなければならず、敵の死傷者から略奪したりしたら、死刑に処されることになっていた。

POINT

・鉄砲兵については、ヨーロッパでは速射が重視され、兵士は隊列を組み、機械のように整然と動くようになった。
・戦国時代の日本では速射よりも命中精度と個人的功名が重視された。

第五章

戦国人は、どのように戦っていたのか

一　軍学者のいうようには展開しなかった合戦
──合戦に定型などなかった

鉄砲──弓──長柄槍──士槍という合戦のパターン

戦国時代の戦闘には、一定のパターンがあったということがよくいわれる。作家や物書きの人たちがいうだけでなく、学者の書いたものにも、しばしば現れる。

そうした説明によると、**まず敵味方が陣を張って向かい合う。互いの間合いが離れているうちは鉄砲足軽が立ち並んで鉄砲を撃ち合うが、少し間合いが詰まってくると弓足軽が出て鉄砲の合間に矢を放つ。さらに両軍が接近すると、鉄砲足軽・弓足軽は脇に退いて、長柄槍《ながえやり》の足軽が出て行って叩《たた》き合う。士分の者たちは、その間背後に待機していて、戦機が熟したところで、各々《おのおの》槍などの得物《えもの》を引っ提げて戦闘に加わる。**ざっといえば、そういうことである。

こうした説明は、現代の学者や作家、物書きが考え出したものではなく、昔からあったものである。といっても、戦国時代からあったとは思えないが、江戸時代の初期には、軍学者たちによって唱えられていたことは明らかである。

その頃編まれたと見られる甲州流《こうしゅう》（武田流）の軍学書「信玄全集末書」の一節に「或書に鉄炮足軽は随分《ずいぶん》鉄炮をうち、敵近づかば弓足軽を出し鉄炮足軽は脇へくりのき、敵あひ猶《なお》近づけば長柄の者を出して突合せ、弓足軽は脇へ引、其の後長柄鑓を跡へくりて騎士出て鑓を以て戦うという」とある。

合戦とはこういうものであると説明している書物があるというのだが、「信玄全集末書」は、それを肯定しているわけではない。そんなことは相手が弱いからできることであって、そういう具合に自在に人数を動かせるものなら苦労は要らないといっている。

だが、「信玄全集末書」の編者がなんといおうと、そうした合戦観は、当の甲州流軍学を含めて、ずっと踏襲された。単に、そのような説明がされていたというだけでなく、合戦というものは、そうしたパターンで行われなければならないという一種の〈思い込み〉が出来上がっていたように思われる。

山鹿《やまが》流の軍学は、甲州流軍学の系統に属するものだが、流祖の山鹿素行《そこう》六代の外孫に山鹿素水《そすい》という人がいた。素水は、黒船来航四年後の安政《あんせい》四年（一八五七）

に死んでいるが、才気もあり、山っ気《やまけ》もあった人で、西洋式の兵学にも関心が深く、近代的な練兵思想を取り入れて、自流の脱皮を図ろうとしたりした。

そういう人だけに、旧来の合戦観にはあきたらないものがあった。軍学者は、鉄砲―弓―長柄槍―士槍という順序でくり出す方法以外に戦い方はないように思い込んでいるが、そんなことをしていては外国の軍隊とは戦えないと論じている（『海備全策《かいびぜんさく》』）。

そのとおりには違いないが、黒船来航後も軍学の世界では、そんな合戦観が説かれ続けた。黒船来航の年に生まれ、後に『刀剣と歴史』を主宰した高瀬羽皐《たかせうこう》氏は、少年時代、甲州流系の軍学の講義を受けた。後年、門下生から戦国の合戦はどういうものだったのかと問われて、自分が教わったところはこうだったとして冒頭に記したようなことを答えている。

もっとも、高瀬氏は「およそ合戦というものにも種類ありて、敵の城へ攻め入ることもあり、野陣を襲うこともあり、斯様《かよう》の場合は、多く鉄砲、弓にてせり合うこと多く、槍を合わするに至らぬこともあるべし」ともいっている。**戦いによっては飛び道具での遠戦に終始して、接戦には及ばないこともあっただろう**というのだが、これも甲州流系の軍学の説によるものらしい。

実態論としては、軍学者のいうような〈原則〉にかなう合戦よりも、こうした〈例外〉に属する合戦のほうがはるかに多かったのではあるまいか。

パターンに即した合戦などはなかった

甲州流の基本的なテクストといえる『甲陽軍鑑《こうようぐんかん》』に、「本の合戦」とはなにかを論じた個所がある。本当の合戦とはどういうものかということで、白昼の野戦であることを前提に、あれこれ条件を挙げているが、それに適合するのは、永禄《えいろく》四年（一五六二）九月の川中島合戦と元亀《げんき》三年（一五七二）十二月の三方原《みかたがはら》合戦だけであるというのが結論である。

その当否はともかくとして、いずれの戦いも、**軍学者のいうような定型的なパターンから外れている**ことでは共通である。川中島の場合は、通説に従えば、双方、ことに武田側の思惑《おもわく》はずれから、上杉勢が急襲してきて、突如乱戦になってしまったものだから、型のごときことなど、やっていられたはずがない。三方原の場合も、徳川家の連中が決戦する気もないのに勝手に出ていって武田勢に接触し、戦闘に引き込まれたものだから、武田側はともかく、徳川方が整然と陣を張ったりしている余裕などなかっただろう。

そのほかの著名な合戦を考えてみても、城郭をめぐる戦いや夜戦、奇襲戦などは定型的パターンに当てはまるはずもないから、多くは選外となって、純然たる野戦だけが対象となる。

したがって、数は余り多くないが、著名なものとしては、姉川《あねがわ》（一五七〇）、長篠《ながしの》（一五七五）、石山城下（一五七六）、耳川《みみかわ》（一五七八）、山崎（一五八二）、賤《しず》ケ岳《がたけ》（一五八三）、沖田畷《おきたなわて》（一五八四）、長久手《ながくて》（一五八四）、関ケ原《せきがはら》（一六〇〇）、大坂落城（一六一五）といった諸合戦くらいが思い浮かぶ。

だが、姉川などは川をはさんでの戦いだから、いずれかが渡河《とか》して切ってかからない限り戦闘にならない。長篠は実質的には城郭戦のようなものだし、関ケ原もそれに近いところがある。賤ケ岳や長久手は一方が他方の油断を見すまして攻めかかったものであるから、互いに弓・鉄砲で応酬《おうしゅう》してから始めたものではない。山崎、沖田畷、大坂落城の緒戦には、弓・鉄砲の応酬があったかもしれないが、その後の展開は、軍学者の唱える定型とはまったく違う。

　ということで、戦国時代には、純然たる野戦の例は意外なほど乏しい。たまたまあったとしても、それはフットボールの試合などとはまったく違う。**うち開けた場所に、双方が同じような編成・装備で行儀《ぎょうぎ》よく向かい合って、さあ始めますかという具合に行われる合戦などあるはずがない。**それを考えただけでも、いまだに軍学者流の合戦観がけっこう信じられているのは不思議である。

POINT

- 戦国時代の合戦は、鉄砲から始まり、弓、長柄槍、士槍という順序で戦うのが定型であったかのようにいわれがちである。
- 実際には野戦は多くなく、それも奇襲であったり、思惑が外れたりして、定型的なパターンに当てはまる合戦などほとんどなかった。

二　「騎馬中心」から「鉄砲主体」に変わったという見方
――どちらも裏付けに乏しい

「騎馬中心」から「鉄砲主体」へという見方には異議あり

日本史辞典としてもっとも大部の『国史大辞典』（吉川弘文館）で長篠の戦いについての項を引くと、「この戦法（注：信長の行ったとされる鉄砲の三段撃《さんだんう》ちのこと）の大成功により、武田氏に代表される騎馬中心の戦法から鉄砲主体の戦法へと戦の主流が移った」（山本博文氏執筆）とある。

さらに『日本歴史大事典』（小学館）で同じ項目を引いてみると、「この戦いは騎馬を中心とする中世的な戦法に対し、鉄砲足軽を主体とする集団戦の優位を実証したものとして、大きな意義をもっている」（三鬼《みき》清一郎氏執筆）とある。どちらも同じようなことをいっているが、こうした主張は、山本・三鬼両氏に限らず、多くの学者・研究者、作家、物書きなどの人たちが、いまだにいい続けていることである。

こういう考え方に対して、私は『鉄砲と日本人』、『鉄砲隊と騎馬軍団』などの著書で批判を加えてきた。私以外にも、藤本正行《ふじもとまさゆき》氏など何人もの人が批判をしているのだが、消滅にはほど遠いようだ。これも私がわからないという問題ではないが、こういうことがわからなくては、そういう主張はできないのではないかということを改めてお示ししておきたい。

根拠の示されていない「騎馬中心」

まず、武田家は「騎馬中心」の戦法を取っていたというが、それはどういうことをいっているのだろうか。私の知る限り、その点からきちんと説明された人はいない。そもそも武田家と騎馬の関係を、他家とは違ったもののように特別視するようになったのは、さほど古い話ではなく、戦後に生じた現象ではないかという指摘がある（太向義明《たいこうよしあき》「武田〝騎馬隊〟像の形成史を遡る」など）。私もそうだろうと思うが、とりあえず、その点の議論は措《お》くとしよう。

「騎馬中心」が、武田家では騎馬の士を一軍の基幹としていたという意味であるなら、当時の戦国大名の軍隊は、すべてそうである。一定の身分・資格のある者が原則として馬に乗り、それ以外の徒歩の兵士を従えるという構図は、織田家、徳川家なども含めて各家に共通していた。

それとも、武田家は他の家にくらべて、特に騎馬の士の比率が高かったとでもいうのだろうか。だが、残された史料から見る限り、**武田家の騎馬の士の比率は、上杉家よりやや高いが、北条家にくらべたらよほど低い**（第二章四項参照）。織田家、徳川家については、こうした数値の求めようがないが、長篠の戦いに参加した両家合わせての騎馬の絶対数は、武田家のそれよりもはるかに多かったであろうことは想像に難くない。

それでは、武田家の騎馬の士は、他家のそれにくらべて特別に強力だったとか、固有の戦法を持っていたとかいうことなのだろうか。その種の主張をした人もいるが、根拠のない憶測や史料の見間違いに基づいて主張しているだけであって、きちんと説明できた例はない。

だいたい、武田の騎馬の士が活躍したという事例はあるのだろうか。「騎馬中心」を力説する人たちが、共通的に挙げる戦闘例は、長篠（一五七五）であるが、これは彼らの話のとおりなら、失敗例というべきだろう。それまでの成功例を挙げてもらわないと困るのだが、川中島（一五六一）でも、そうした事実は見当たらない。勝ち戦《いくさ》だった三方原（一五七二）でも、敗走する徳川の士卒を、武田軍の士が騎馬で追いかけたことが確認できる程度である。

失敗例である長篠にしても、騎乗しての攻撃が行われたというのは疑わしい。もともと騎馬で戦うには狭すぎる地形のうえに、相手方は厳重に障害物を設けていた。しかも当日は雨上がりで足場も悪かった。そんな条件のもとで、あえて騎馬で突っ込んでゆくはずがない。

それだけではなく、この時代には、騎馬武者といえども、騎乗したまま戦闘に入ることは少なく、さしあたり下馬するのが慣行のようになっていたのだから、なおさらである。**武田側では、長篠の戦場は、もともと騎馬での突撃などできるような場所ではないし、いずれの部隊も隊長など七、八人だけが馬上にとどまり、残りの騎馬の士は、馬を後方に下げて槍をとって徒歩で進んだのだと主張している**（『甲陽軍鑑』）。

それが実情ではなかったかと思うが、ついでにいうと、長篠での騎馬攻撃をいう人たちは、武田の騎馬の士がなにを装備していたのかについて、まず触れた例がない。まさか手ぶらでやってきたということではあるまいから、弓なのか、槍なのか、刀なのか、なにを想定しておられるのだろう。ちなみに、馬上で槍や刀を使っても余り効果がなかったことは、江戸時代の軍学者も認めていたし、後世の武術家も〈保証〉している（金子有鄰《かねこゆうりん》『日本の伝統馬術─馬上武芸篇』など）。

戦法ということでいうなら、下馬戦闘の慣行が普及したこととも相まって、**この時代の戦場における騎馬の用途は、概ね追撃か逃走に限られる**というのが常識だった。三方原においても、緒戦は双方下馬して戦ったが、徳川勢の士は、敗《はい》色《しょく》濃厚《のうこう》になると大将の家康以下馬に乗って逃げ、武田の侍たちは馬に乗って追いかけていることが明らかである。

どうしても「騎馬中心の戦法」などといいたいならば、以上のような点を踏まえた説明が必要であることは改めて申すまでもない。

「鉄砲主体」も検証されていない

「鉄砲主体」についても、まったく同じようなことがいえる。信長の軍は、「鉄砲主体」であったというなら、どのくらいの比率の鉄砲兵がいたのか、それは他の家や集団にくらべてどのくらい高かったのかということを、まず論証すべきである。だが、私の把握している限りでは、それはきわめて難しいだろう（第一章五項参照）。

信長が鉄砲兵主体の戦法を開発した事実などないことはすでに述べたが、それを主張する人たちは、まず例外なく長篠の戦いを念頭に置いている。そのとき三列になった鉄砲兵が入れ替わりながら射撃する、いわゆる〈三段撃ち〉が行われたというのだが、これはまったく実証性のない議論である。だいたい、〈三段撃ち〉といった言葉そのものが古くからあったものではなく、この私の造語のようなものである。そういうことだから、良質の史料で〈三段撃ち〉などに触れたものはない。

〈三段撃ち〉を主張する人たちは、言葉はなくても、それに当たる実態はあったというのかもしれないが、**いわゆる〈三段撃ち〉には実現性も実効性もない。**〈三段撃ち〉論者は、三列に並んだ鉄砲兵の最前列の兵士はドンと撃ったら、タッタッと最後尾まで走っていって再び弾込《たまご》めにかかり、次列の兵士が出てきてドンと撃つということをくり返したのだというが、そんな気楽な話ではない。前列の兵士は回れ右するのか、回れ左するのか、次列の兵士は前列の兵士の右側を抜けるのか左側を抜けるのか、当時の鉄砲は不発になることが多かったが、その場合にはどういう対応をするのか、そうした基本的なことから叩き込んでおく必要がある。それをしなかったら、敵を撃つどころか、その前に味方が大混乱に陥ってしまう。

ところが、**長篠で信長が戦場に並べた鉄砲兵は、すでに触れたように、あちこちからかき集めた者たちで、一度もそうした共通の訓練を施《ほどこ》されていなかった。**そんな連中に、いきなり複雑な運動など要求できるものではない。

実は、〈三段撃ち〉論者が想定しているような鉄砲隊の運用法は、一五九〇年代の前半にオランダのオラニエ公モーリッツによって実現している。いわゆるカウンターマーチ（反転行進法）というもので、後には実戦にも供された（マイケル・ハワード『ヨーロッパ史における戦争』、H・デルブリュック【近代戦の黎明《れいめい》】など）。

なまじそういう知識のある人が、信長がそれに先行したなどといいたがるのだが、モーリッツにそれができたのは、鉄砲兵の訓練にきわめて長い時間をかけられたことと、その間、兵士たちに十分な給料を支払える経済力があったからだった（H・デルブリュック前掲書）。

そうしたことに加えて、長篠の戦場はきわめて狭いうえに、柵、壕、土塁などが何重にも設けられていた。これでは、十分な訓練を経た者たちを連れてきたところで、何列にもなって自在に動くことなどできなかっただろう。

信長だって、そんなことは重々わかっていただろうから、そもそも〈三段撃ち〉などという夢のようなことを考えついたはずがない。〈三段撃ち〉論者は、ひっきりなしに撃ち続けるために、そうしたことが必要だったようにもいっているが、信長にしてみれば、そんな必要はさらさらなかった。

相手が大軍で、しかも人海戦術《じんかいせんじゅつ》のようなことを仕掛けてきたなら、それも必要かもしれないが、武田軍はもともと小勢だったうえに、戦線の各所に分かれて陣取り、断続的に攻撃を仕掛けている。それに対して、目の前に敵がいようがいまいがおかまいなく、全戦線で一斉射撃をくり返す意味などあるだろうか。貴重な弾丸や火薬を無駄遣《むだづか》いするだけではないか。

こういったことは、私を含めて何人もの人間が何十年もいい続けているのだが、いまだに反論もないままに、信長の〈偉業〉が教科書や歴史事典でまで語られているのである。

〈三段撃ち〉を肯定するような人たちは、信長の天下一統も、彼が鉄砲を駆使したからできたことだといいたがる。伊藤政之助《いとうまさのすけ》少将は「織田信長が天下を取り得たのは鉄砲のお陰だと云う論者もあるが、それは確かだ」と書いている（「戦国時代の陸戦史」）。そうした主張は戦前からあり、彼のような戦史研究家も〈お墨付き〉を与えているのである。

しかし、誰がなんといおうと、こうした主張は成り立たない。それは一つには、鉄砲という武器は、戦闘（ｂａｔｔｌｅ）のレベルまでは左右できるが、戦争（ｗａｒ）を決定できるものではないからである。もう一つは、その戦闘にしたところで、信長側だけが大量の鉄砲を備えて相手を圧倒できればよいが、相手側も多くの鉄砲を用意して立ち向かってきたら、どうにもならないからである。

それでも信長は、長篠ではかなり鉄砲を役立てることができたかもしれないが、その後は、そうした事例はない。本願寺相手の石山合戦（一五七〇～八〇）やその支作戦ともいうべき雑賀《さいか》攻め（一五七七）では、紀州《きしゅう》（和歌山県）雑賀の鉄砲隊などに手こずって、天下一統にブレーキをかけさせられる有様だった。だが、信長の成功は、鉄砲のお陰だという人たちは、こうした話に耳を傾けたがらないし、まして信長がミソをつけたことには触れようともしない。

ヨーロッパでは、鉄砲が統一をもたらしたという見方はなさそうだが、逆に、**火薬が軍事的にある種の平等をもたらしたという考え方はある。**それはプロの兵士はもちろん、農民や町人を含めて誰であろうと火器を手にすれば、領主たちと対等になり、互角に戦えるようになったという意味である（T・ウイントリンガムほか【武器と戦術】）。まさに、そういうことが、信長と雑賀衆のような土豪《どごう》集団との間に起きているのである。

POINT

- 「騎馬中心」とされる武田家は、騎馬の士の比率が高かったわけでも、特別に強かったわけでもない。
- 当時の騎馬の用途は概ね追撃か逃走だった。
- 織田家が行ったとされる鉄砲の三段撃ちは、実現性も実効性もないものだった。

三　集団的戦法をめざす動き――たしかにあったが、未完に終わった

武田信玄のめざした秩序正しい軍隊

途中までよく似た道を歩んできたわが国とヨーロッパの軍隊が、まったく違う方向に向かったのはなぜかということは、すでに考えてみた（第四章六項）。ただ、わが国でも、ヨーロッパのような方向を模索する動きがまったくなかったわけではなさそうである。

武田信玄は「たとえば馬上五十騎の備ならば五十騎、百騎の備ならば百騎ながら鑓を一度に突くごときに軍法を定めたき事なり」といっていたという（「信玄全集末書」）。注釈を加えると、当時の部隊編成に当たっては、近代のそれとは違って、定員何名といったような定めはなかった（第一章四項）。その代わり、騎馬武者を五〇とか一〇〇とか固めて、彼らを中核として組み立てることとなっていたようである。

したがって、信玄がいいたかったのは、その中核となる騎馬の士たちについ

て、**進めといったら一斉に進み、止まれといったら一斉に止まるような規律を立てられないか**ということであろう。彼らが、そのように秩序正しく進退すれば、残りの人数も当然それに従うであろう。

　もっとも、信玄は近代の槍騎兵部隊のようなものをつくろうとしたのではあるまい。信玄の時代には、騎馬武者も戦闘に当たっては、あらかじめ下馬することが〈常識〉のようになっていた。前に取り上げた「武田信玄配陣図屏風」は、どこまで信頼できるかわからないが、そこに描かれている侍たちも、乗馬は後方に下げて槍などをとって控えている。

　つまり、**信玄は下馬した侍たちが一斉に進退するような情景をイメージしていた**のであろう。そこで思い起こされるのは、すでに取り上げた信玄の遺法だという槍術のことである（第四章三項）。勝海舟《かつかいしゅう》が、これを評して「規律あり節制ある当今の西洋流と少しも違わない」といったことも、そこで触れたが、海舟はそれに続けて「揃《そろ》いの赤具足《ぐそく》をその将士に着せて、敵の目を奪い、兼て味方の士気を鼓舞《こぶ》したのなどは、大いに今日の西洋風に叶《かな》っているところがある」ともいっている（『氷川清話《ひかわせいわ》』）。

海舟のいうとおりなら、一隊が一個の機械のように動くヨーロッパの鉄砲隊とまではいかないにしても、それに近い軍隊が、それよりかなり早く出現していたことになるが、果たして、そうだろうか。信玄の言葉もウソではないだろうし、海舟の実見談も駄ボラの類《たぐい》だったとは思えない。だが、海舟の見たという槍術が確認できないし、他の史料によって見ていても、武田軍がすべてそういう具合に運動していたとは考えられない。

結果として、**信玄の理想は実現したとは考え難い**のだが、この時代の軍隊の規律は、相当乱脈であった（第四章五項参照）。そういう中で、号令一下《ごうれいいっか》、整然と動く軍隊をつくれないものかと考えただけでも、信玄は偉かったというべきなのかもしれない。

元寇、朝鮮出兵で接した集団的戦法

信玄だけではなく、織田信長なども同じようなことを考えていたかもしれないが、いずれにしても、**わが国ではヨーロッパ流の集団的戦法は実現しなかった。**

ただ、それに類する戦法を駆使する敵と遭遇したことはあった。

古くは、元寇《げんこう》（蒙古《もうこ》襲来）もそうだったかもしれないが、相手方が見せた**集団として組織優先で戦うような戦法を模倣しようとか、追随しようとかいう動きはまったく見られなかった**。元寇の結果、わが国の戦法は一変したとする見方もあるようだが、実際には、そのような形跡はほとんど見当たらない。さきに紹介した川中島の戦い（一五六一）から「部隊を適宜《てきぎ》に按配編合《あんばいへんごう》して」戦うことが始まったという伊藤政之助少将の説が当たっているなら、その後三百年くらい、なんの動きもなかったことになる（第一章三項）。

川中島の約三十年後に、豊臣秀吉の朝鮮出兵が行われた。このとき遭遇した、朝鮮の宗主国である**明国《みんこく》の軍隊は、明らかに〈近代化〉されたものであった**。

明国軍は、馬軍（騎兵部隊）と歩軍（歩兵部隊）に分かれていたが、馬軍・歩軍とも、五人を伍、十二人を隊、三隊を一旗、三旗を一哨《しょう》、三哨を一司《し》、二司を一部、二部を一営とするというように、**整然たる編成をとっていた**（陸軍参謀本部編『日本戦史―朝鮮役』）。一隊を何人で構成するかも決まっていない日本軍とは、それだけでも大違いである。

高瀬羽皐氏は、これにくらべたら戦国時代のわが国の軍制はよほど劣っていたといっているが（第一章三項）、徳富蘇峰《とくとみそほう》氏も「彼我の兵制を比較すれば、彼は我に比して、すこぶる進歩していた。当時の明軍は、すでに立派なる近世的軍隊であった」と評している（『近世日本国民史―朝鮮役』）。いずれも、掛け値のない公正な見方だといえるだろう。

兵制が整っていただけでなく、戦闘においても明軍は強かった。そのことは、参戦者の証言によっても裏付けられる。明軍の多くは北方からやって来た軍隊で馬軍が主体であったようだが、文禄《ぶんろく》二年（一五九三）一月、碧蹄館《へきていかん》の戦いで彼らと衝突した武士の一人は、「唐人数万騎尽《ことごと》く馬武者にて出合い」と記している（「吉見家朝鮮陣日記」）。

日本の騎馬武者は、概ね各人の地位・資格によって乗馬している者たちであり、それ以外の徒歩の兵士たちと一緒に戦場に出てくる。そうした歩騎混合の編成に慣れきった者の前に、近代騎兵と同じような全員乗馬した部隊が現れれば、それだけでも脅威であっただろう。

彼らは、**全員騎乗していただけでなく、密集隊形をとって整然と集団的に進退した**。この戦いに参加した天野源右衛門《あまのげんえもん》という武士は、「人数黒み、備《そなえ》しずかにして、いきおい殊《こと》の外《ほか》見事なり」と素直な感想を記している（「天野源右衛門朝鮮軍物語」）。天野は前名を安田作兵衛《やすださくべえ》といって、本能寺で信長に槍を付けたとされている男である。

隊伍《たいご》を組んでの運動が鮮やかだっただけではなく、馬も大きければ、乗り手も強壮であった。「馬の大きさはけしからず候」（「吉見家朝鮮陣日記」）とあるが、ポニー（体高一四八センチ以下の馬）のような日本馬にくらべて、彼らの乗馬はひときわ大きく見えたようである。「男もけしからず大きく候。上衆（日本軍）もけしからずおじ入られ候。日本にてもかほどの働きは、稀なるよし、その沙汰《さた》候」（前掲書）ということで、彼らの強さに辟易《へきえき》したことがわかる。

慶長《けいちょう》二年（一五九七）に始まった第二次の朝鮮出兵でも、日本軍は蔚山《うるさん》などで明国の軍隊と遭遇した。参戦者たちの観察によると、騎馬兵の多くは弓を装備していたようだが、弓も馬もきわめて上手で、すさまじい勢いだったとある（「九鬼四郎兵衛《くきしろうびょうえ》働《はたらき》之覚《のおぼえ》」など）。

こういう具合に、たびたび明国軍、ことにその騎馬隊の集団的戦法を目にし、驚嘆もしていながら、それを取り入れようという動きは、ついになかった。碧蹄館の戦いでは、結局勝ったし、蔚山でもなんとか敵を撃退することができた。また、朝鮮出兵そのものが、秀吉の死によって中途半端《ちゆうとはんぱ》に終わり、その後、外国の軍隊と戦うこともなかった。それで従来どおりのやり方でよいと考えたのかもしれないが、元寇の場合と同様、本当の理由は、よくわからない。

POINT

・号令のもと秩序正しく整然と動く軍隊をめざしたり、集団的な戦法に接したりすることはあっても、戦国時代の日本では集団的戦法は普及しなかった。

四　軍隊移動の実態——ドラマでやるような恰好いいものではなかった

甲冑を着けて長途は歩けない

戦国もののドラマなどには、軍隊の行軍する場面がよく出てくる。武士たちは例外なく甲冑《かつちゆう》を着けた完全武装で、旗持ちの兵士たちが旗や幟《のぼり》を捧げ持つようにして高々と掲げ、整然と隊列を組んで行進するという映像がお定まりのように流される。だが、あれが実態であったはずはない。

甲冑のことに詳しい何人かの方に聞いてみたことがあるが、**甲冑着用で長距離を移動するのは、大変な難行《なんぎょう》苦行《くぎょう》である**ということだった。それに付け加えて、戦場においても、**甲冑を着けたまま長い時間動き回るのは無理だったろう**といわれた方もいた。

それを裏付けるような話もある。たとえば、大坂冬の陣（一六一四）のとき、徳川家康は駿府《すんぷ》（静岡市）から大坂まで行軍したが、奈良を発《た》って大坂へ向かう際に、側近の本多正純《ほんだまさずみ》が、そろそろお供の者たちに甲冑を着けさせましょうかと、家康に聞いたとある（「天元実記」）。つまり、駿府から奈良までは、一同平装で移動してきたということである。

家康は、正純に対して、まだ早いといい、関ケ原のとき、従軍していた町人の話をした。その町人は、なにを考えたものか、最初から甲冑着用で供をしていた。町人のくせに……と、それを咎《とが》めようとした者もいたが、家康は、まあ放っておけといった。町人は途中で耐えられなくなって、甲冑を脱ぎ捨ててしまった。もちろん、このときも家康以下武士たちは平装で行軍していたに違いない。

だから、そんなくたびれるようなことは急がないほうがよいというのが家康の趣旨である。それで翌日、法隆寺《ほうりゅうじ》を立つときに一同甲冑をまとったというのだが、法隆寺から大坂だってよほどの距離である。家康側近の誰かが書いたという「駿府記」には、摂津住吉《せっつすみよし》（大阪市住吉区）に宿陣したとき「今日より供奉《ぐぶ》輩甲冑を着す」とある。ここはもう完全に敵地だから、そのほうが正しいだろう。

寛永《かんえい》十五年（一六三八）一月、島原の乱に当たって、筑前《ちくぜん》（福岡県）秋月《あきづき》藩黒田家は、肥前《ひぜん》（長崎県）原城攻撃のため、出動を命ぜられた。黒田勢は、いずれも甲冑を着け、指物《さしもの》を指し、隊伍を整えて秋月の陣屋を押し出したが、六キロメートルほど行ったところで、甲冑を脱ぎ、陣羽織姿となった。再び、彼らが甲冑を着けたのは、原城の四キロメートル手前だった（「島原一揆談話」）。この場合には、戦闘のために甲冑着用で歩いた距離より、領民などに格好をつけるために、完全武装して歩いてみせた距離のほうが長かったのである。

常に整然と行進していたわけではなかった？

こうした例から見ても、**甲冑着用で長途を移動することはなかったと考えてよ**

いだろうが、次なる疑問は、移動に当たって隊伍は整えたのか、何列になるのが原則であったのかといったことである。瑣末《さまつ》なことかもしれないが、これも答えの出ていない問題である。

隊伍の問題については、松浦静山《まつらせいざん》の『甲子夜話《かっしやわ》』に「世事談」というものを引いて説明がある。それによると、**信長時代になっても、お国入りや出陣の場合を除いては、通常は行列を組むということなく、一同ごっちゃになって行進していたが、明智光秀がそれを改めた**のだという。

詳細な軍役《ぐんやく》体系を定めたりしているところを見ると、光秀は几帳面《きちょうめん》な性格だったようである。だから、隊伍を整えて行進しようと考えたのかもしれないが、「国入、旅立などの時は行列あり」というのだから、もともとそういう慣行がなかったわけではあるまい。それなら、そういう場合には、どんな行列を組んでいたのだろうか。また、それら以外の場合には、光秀が考えつくまで、誰も意に介さなかったのだろうか。

疑問は次々に出てくるが、答えは見出せない。ただ、江戸時代の参勤交代《さんきんこうたい》の大名行列などは、お国入りとか、宿場ごとの着発などを除いては、かなりいい加減だったらしい。『甲子夜話』がいう、光秀が改める以前の状態と同じようなものだったといえる。

何列で行進したかについては、軍学書にいくらか記述がある。たとえば、武田信玄の遺法を伝えたとする甲州流の「信玄全集末書」には、「広き道を二行に押す時は」とか「道広くば二行に押し」とかあるから、道路事情が許せば二列を基本としたように受け取れる。ただ、別の箇所で図示されているところでは、弓・鉄砲・長柄鑓の足軽などは二列、小者《こもの》、中間《ちゆうげん》などは数列をなしていたとも受け取れる。

上杉謙信の遺法を伝えたとする宇佐美《うさみ》流では、明らかに二列での行軍を原則としており、地形的に無理な場合には、左右交互に進むとしている（「武経要略《ぶきようようりやく》」）。また、甲州流などの影響を受けた長沼流も、騎馬兵・徒歩兵ともに二列行進を原則とし、狭い所では左右交互に進むが、通過し終えたら、また二列に復するようにとわざわざ断っている（「兵要録」）。

軍学のほうでは、二列行進が原則であるということはわかったが、戦国時代の実態がそうであったかどうかは、やはりわからない。若干の手がかりになりそうなものとして、戦国以降の事例ではあるが、筑前秋月の黒田家がつくった「島原の乱図屛風」というものがある。製作は天保《てんぽう》八年（一八三七）と遅いが、古い記録に忠実に基づいているとされ、さきに触れた原城攻撃に出発したときの情景も描かれている。

それによると先頭に大幟《おおのぼり》三流を立て、続く鉄砲足軽は五列くらい、後方の鉄砲足軽・弓足軽などは四列、その他の諸士卒はひしめき合うように押し出している。「信玄全集末書」が図示している「諸家中備押作法の事」に似ているが、まったく同じではない。

こんなところが実態だったのかなと思いたくなるが、出陣という晴れの場面であるから、それなりに隊伍を整えていたと解釈することもできる。黒田家の軍勢が陣屋を離れてしばらく行ったところで甲冑を脱いだことは、さきにいったとおりだが、そうなれば隊列も崩してしまったのではなかろうか。この問題、やっぱりわからない。

POINT

・甲冑を装着したまま長距離を移動したり長時間にわたって動いたりすることはなかった。
・お国入りや出陣などのとき以外は、常に隊列を整えていたわけではなかったらしい。

五　主要な武器の変遷と戦闘の様相――武器が変われば、様相も変わる

装備率が高かったのは刀、有用性が高かったのは弓矢

戦国時代の戦闘では、なにが主武器だったかと問われたら、日本刀と答える人が圧倒的に多いに違いない。なにしろ、大河ドラマなどの合戦場面では、必ず鎧《よろい》武者同士が刀を抜いてチャンバラをやっているし、時代小説や歴史読み物の類を見ても、当時の戦いを無数のチャンバラの集積のように説明しているものが多いから、そうであっても不思議はない。

プロの学者にしても同じようなものである。せいぜい刀のほかに槍もしきりに用いられていたとか、鉄砲が普及してからは、少し状況が違ってきたとかいって

いる程度である。

主武器の意味を装備率の高かったものととらえれば、こういう見方もあながち間違いとはいえない。**刀は、戦場に出る者であれば、戦闘員、非戦闘員の別を問わず、たいていの人間が差していた**から、装備率でいえば、ほぼ一〇〇パーセントあったといってよい。**槍もそれには及ばないが、戦闘員の間での装備率は、すこぶる高かったし、鉄砲の比率も時代の下がるほど上がっている**。それらの点は、すでに取り上げたとおりである（第二章四項、五項など）。

しかし、装備率が高いか低いかということと武器としての有用性は、必ずしも関係がない。たくさんあれば、それだけ役に立ったというものではないし、そもそも装備されているから、必ず使用されたということでもない。武器というのは、もともと敵を殺傷するためのものだから、その目的にかなうものほど有用性は高い。当然、戦闘における依存度も高かったことはいうまでもない。

そういう目で、わが国の戦争の歴史を見直してみると、文献によってたどれる限り、**古代からずっと有用性が高かったのは弓矢**（古くは「弓箭」と書くことが多い）である。古い時代については、数値的に示すことは難しいが、古い記録や軍記などをチェックしてみれば、だいたい見当がつく。

南北朝時代以降になると、かなりの程度まで負傷者の状況などを数値的に押さえることができる。そのことは、第七章でまた説明するが、結論だけ先にいっておくと、**南北朝時代の負傷者の圧倒的多数は、弓矢によるもの**である。その後、数値的には少しずつ下がるが、戦国時代前期くらいまでは、有用性というなら文句なしに弓矢がトップであった。つまり、その頃まで日本人の主武器は、弓矢であったとしてよい。

弓矢が主武器であったということは、日本人の戦い方が互いに離れて戦う遠戦中心だったことを意味している。つまり、飛び道具に依存して戦われることが多かったということである。この傾向は、戦国時代後期になっても変わらない。ただ、同じ飛び道具でも、弓矢より鉄砲のほうが大きな役割を果たすようになったことだけが違いである。道具立てが変わっただけで、遠戦中心という戦闘思想は、まったく変化していないのである。

槍の普及で接戦傾向が強まった

戦国時代、鉄砲が普及する以前の合戦は、槍や刀を振り回して行われていたように考えている人は、プロの学者まで含めてきわめて多いが、弓矢のことを考えればわかるように、そんなことはなかった。これも一部の者にはわかっているが、多数の人には、まだわかってもらえない問題の一つである。

弓はきわめて古くからあった武器だが、いわゆる日本刀形式の刀も平安時代の中頃から登場している。したがって、両者は、長い間並列して用いられてきたが、戦場における有用性の点では、まったく比較にならなかった。

これに対して、古代の鉾《ほこ》の類は別として、槍（古い史料では「鑓」とか「鎗」としているものが多い）はかなり新しい武器といえる。文献的には、鎌倉幕府滅亡の翌年の建武《けんむ》元年（一三三四）一月の文書に「矢利《やり》」として現れるのが最初である。〈弓主刀従〉という形で行われてきた戦闘に、新たな要素として槍が割り込んできたわけだが、それが弓矢に取って代わって主武器となったわけではないことも、すでに明らかである。

それにもかかわらず、鉄砲以前は槍が主役だったように信じている人もかなりいるようである。そこで槍の普及がなにをもたらしたかについて、少し考えておきたいが、この問題については、必ずしも、はっきりした答えは出ていないように思われる。

まず、槍が普及したことによって、徒歩兵の集団的運用が促進されたのだろうかという問題がある。南北朝時代になると、徒歩の弓兵がかなり組織化されて運用されていたことはうかがえる。だが、槍にしろ、なににしろ、統一された接戦用の武器を携えた徒歩部隊というのは、この時代には、いまだ見当たらないようである。

負傷者の状況などから見た限りでは、槍というものが文献に登場して以後の約半世紀の間、槍疵《きず》を受けた人間などは微々《びび》たるものである。もちろん、史料がないということだから、それだけで断定はできないが、槍が現れたことにより集団的戦法も生まれたのだとしたら、もう少し早くその〈成果〉が、目に見える形で出ていてもよさそうなものである。

一方、戦国時代に入ると、鉄砲登場以前の状況で見ても、「鑓疵・突疵」を受けた者の比率は、南北朝時代にくらべて大きく上昇する。これに対して「矢疵・射疵」の比率は下落する。**それまでの遠戦傾向が若干弱まり、その分だけ接戦傾**

向が強まったという形だが、それでも鉄砲登場以前の史料では「矢疵・射疵」の比率は、「鑓疵・突疵」の三倍以上ある。

鉄砲が行きわたった後の「矢疵・射疵」の比率は、「鑓疵・突疵」をやや下回るが、それは弓矢の果たしていた役割が、かなりのところまで鉄砲に肩代わりされた結果であって、槍の〈貢献度〉が上がったというわけでもない。戦国時代全体を通じて見れば、「矢疵・射疵」は、「鑓疵・突疵」の二倍近くにのぼる。

そうはいっても、「鑓疵・突疵」がかなり高い比率で見られるようになったことが、槍が広く使われるようになったことを示しているのは間違いない。それでは、槍はなぜそんなに広く用いられるようになったのだろうか。

それについては、槍が徒歩兵の集団的運用に適した武器であることが、だんだん理解されてきたからだという説明もできないではない。だが、それとは別に、接戦の必要が出てきたので、そのために重宝《ちょうほう》な武器として槍の利用が増えたのだろうという見方もできないではない。

たとえば、戦国時代になると、首取りが盛んになるが、それによって接戦の機会そのものが増えたということが考えられる。この問題は、また別に取り上げるが、首を取るためには、とにかく敵に接近して戦わなければならなかったから、そのための得物としては、刀剣類などにくらべて槍ははるかに重宝だったに違いないのである。

いずれにせよ、**個人用としても、集団用としても、槍は歓迎すべき武器だった**ので、次第に普及したとはいえるかもしれない。だが、それが主武器となったといえる期間はなかった。くり返すようだが、日本人が戦闘に当たってもっとも依存することの大きかった武器は、古代から戦国前期までは一貫して弓矢であり、戦国後期以後は鉄砲であった。

死傷率は高いが戦法には余り影響しなかった鉄砲

戦国後期になって、鉄砲が普及定着すると、後でまた述べるように負傷者の四五パーセント以上が鉄砲によるものとなる（第七章四項）。この数値には、一部、死因の明らかな戦死者も含まれているが、この当時の戦死者の多くは、鉄砲などで負傷するなどして動けなくなったため首を取られた者たちだったと見られるから、**鉄砲による死傷率は、きわめて高かった**といえる。

もっとも、鉄砲がなかった戦国前期には弓矢で負傷した者は、負傷者の六〇パーセントを越えていた。また、矢疵を負って動けずにいて討ち取られた者も少なくなかっただろうから、そういう角度から比較してみても、それほど意味はないかもしれない。

弓矢も鉄砲も、それぞれ遠戦用の武器として、大きな役割を果たしていたことは間違いないが、両者の違いは、どういうところにあったのだろうか。まず挙げられるのは、**射程の差**であろう。といっても、当時の数値を見つけて比較するのは意外に難しく、これも私にとって、いまだよくわからない問題の一つである。

また、弓にしろ、鉄砲にしろ、精一杯《せいいっぱい》ここまでは飛ぶという最大射程と、命中を期待できる有効射程では、大変な隔たりがあったことは間違いないから、なおさら難しい。

ヨーロッパの例では、初期の小銃は有効射程六〇ヤード（約五五メートル）くらいあったが、熟練した射手でも、かなり大きな目標に集弾できるのは二〇ヤード（約一八メートル）程度だったという（T・ウイントリンガムほか【武器と戦術】）。

紀州雑賀衆の一人で、かなり射撃に自信を持っていた佐武伊賀守《さたけいがのかみ》の覚書《おぼえがき》（「佐武《さたけ》伊賀《いが》働書《はたらきのしょ》」）を見ると、一〇間（約一八メートル）くらいの間合いで発砲していることが多いから、この点は東西共通である。

また、甲州流系の軍学では、敵味方の間合いが三〇間（約五四メートル）くらいになったら、鉄砲を撃ち出すと教えていたと高瀬羽皐氏がいっている（「兵談―一番槍・一番首」など）。これもヨーロッパの研究者のいう有効射程と一致しているから、単なる机上論ではあるまい。

それでは弓はどうかというと、軍学では、鉄砲よりさらに近い距離で射出すように教えていたが、場合により鉄砲とともに射出すことも想定されていたらしい。当時の数値がわからないので、現代の近的競技の例でいうと、射距離は二八メートルであるから、昔流にいえば一五間強であり、鉄砲の間合いの半分である。また、遠的競技は、通常、六〇メートルで行われているというから、だいたい鉄砲の有効射程と同じである。

射程の相違はそういうことだが、弓、鉄砲それぞれの命中率を考えれば、決定的な課題が生じたというわけではない。したがって、それによってなんらかの変化、たとえば陣形などが著しく変わったというようなことは考え難いし、実際にも見当たらない。

それでは、もう一つの要素、**破壊力**の問題はどうだろうか。**火縄銃《ひなわじゅう》の実験例などを見れば、弓矢では得られそうもない貫通力が示されている**。だが、これだって甲冑を銃撃に耐えられるように強化できないかという要請が出てきたくらいではあるまいか。

もともと甲冑というものは、刀剣類による斬撃には強いが、弓矢や槍のように一点集中で来る武器には弱いというのは、専門家の間では常識である。鉄砲の登場によって、それがいっそう目立つようになったという程度の話であろう。

鉄砲による轟音、硝煙、匂いで変化した戦場

プロの学者を含めて、鉄砲の普及によって、日本人の戦い方は一変したようなことをいっている人は、いまだに大勢いるが、なにがどう変わったのかが実証的に説明されたことはない。それもそのはずで、**道具は変わったが、基本的な戦闘思想はなにも変わっていない**のだから、びっくりするような変化が起きたはずもないのである。

ただ、気がついていない人も多いようだが、鉄砲が戦場の風景を変えたという事実はたしかにある。私は、それを『鉄砲と日本人』で指摘したことがあるが、まだ十分解明しきれているわけではないので、もう一度、ここで簡単にオサライさせていただきたい。

鉄砲以前には考えられなかったものとして、音と煙と匂いの問題がある。まず音であるが、鉄砲のような火器が登場するまでの戦場は、人馬の立てる物音のほかはなかったのだから、静かなものだったに違いない。現代のデモ騒ぎくらいの騒音で、少し離れれば、なにも聞こえない程度のものだっただろう。

そこへ轟音《ごうおん》を発する武器が入ってきて、しかもそれが大量に使われるようになったら、なにが起きるか。残念ながら、その点に触れた史料は余りないが、人々を驚かせたには違いない。だが、**それ以上に驚いたのは、音に敏感な馬であったことはたしかである。**

実は、元寇（一二七四）のとき、元軍は「てつはう」という火器を用いたが、その爆発に馬がたじろいでいる有様が『蒙古《もうこ》襲来《しゅうらい》絵詞《えことば》』に描かれている。また、火器ではないが、元軍が銅鑼《どら》を打ち鳴らし、それに慣れない日本の馬が驚いて制御できなくなったと「八幡愚童訓《はちまんぐどうくん》」にある。鉄砲の普及に伴って、馬をどう訓練するかが、新たな課題となったはずである。

ヨーロッパでも、百年戦争中のクレーシーの戦い（一三四六）でイギリス軍は何門かの大砲を持ち出したが、さしたる効果はなく、フランス軍の馬を驚かせただけだと皮肉をいっている軍事史家がいる。しかし、初期の大砲を野戦で用いる場合、期待されたのは、相手にパニックを起こさせるという心理的なものだったという説もあるから、イギリス側としては、それでよかったのかもしれない。

轟音によって、指示・命令が届きにくくなったことも、容易に想像できる。人の声はもちろん、鐘《かね》、太鼓《たいこ》や法螺貝《ほらがい》などを用いた場合でも、轟音でかき消されることも多かったのではないかと思われる。ただ、それによって、具体的にどういう問題が生じたか、それにどのように対応したかといったことを示す史料は見たことがない。

硝煙《しょうえん》も、それまで人馬の巻き上げる砂煙くらいしかなかったところに加わった新しい要素だった。それによって**敵味方の識別が難しくなったり、個人の働きを見届けてもらいにくくなった**ことが考えられる。鉄砲が普及してから、かえって武士たちが目立つ出で立ちをするようになったのは、そのためではなかったかということは、第三章四項で取り上げた。

硝煙を逆用する戦法も現れたようである。戦闘は一般的には先に仕掛けたほうが有利なはずだが、ヨーロッパでは、黒色火薬の利用に伴って、相手側に先に発砲させるほうが有利とされるようになった。相手が再び装弾している間に、硝煙を利用して前進し、間合いを詰めて攻撃をかけられるからである（T・ウイントリンガムほか【武器と戦術】）。わが国でも、硝煙の下から突いて出るとか、硝煙にまぎれて追尾するといった話がよく見受けられる。

轟音もそうだが、硝煙も別の意味で、指揮を困難にしたに違いない。この時代には、比較的近くにいる兵士には、采配《さいはい》などで指示を与えたり、離れた所にいる士卒には、旗を用いて命令を伝えたりすることが行われていた。硝煙でそういうものが見えにくくなったら、どうしたのだろうかということが気にかかるが、適切な答えはなさそうだ。

火薬特有の匂いも、鉄砲とともに戦場に持ち込まれた新しい要素だが、それがどういう影響をもたらしたのか、あるいはなにももたらさなかったのか。私には見当がつかない。

POINT

- 遠戦中心だった戦国時代、鉄砲出現以前に有用性が高いのは弓矢だったが、槍の普及で接戦傾向がやや高まった。
- 鉄砲の普及は戦法自体にはあまり影響はなかったが、轟音や硝煙、匂いなどで戦場の風景には大きな変化があったと考えられる。

第六章　士卒の功名は、どう扱われていたか

一　功名の類型―手柄を立てるといっても、中身はいろいろだった

どういう行為がどのくらいの功名になったのか

戦国時代、戦場に出た通常の武士たちに共通する願望は、どういうものだっただろうか。最大公約数的なところを取れば、おそらく無事に生きて帰れることと、なにか功名を立てて褒美をもらうことが双璧《そうへき》だったのではあるまいか。

生きて帰れるかどうかの問題は、ひとまず措《お》くとして、功名を立てるについては、あらかじめ知っておかねばならないことがある。**どういう行為が功名とされるのか、同じく功名といってもランクはどうなっているのか、それは誰がどのように確認するのか**といったことである。そういうことがわかっていなかったら、働くほうは気合が入らないし、働かせるほうも、なんの目安もなしに、がんばれとばかりいっているわけにはいかないだろう。

武士たちが功名を求めるのは、全国共通のことだから、どの戦国大名の家でも、そういう問題を抱えていたに違いない。功名の確認の問題は別に取り上げる

が、功名の類型やランクについては、紙に書いたかどうかは別として、どこの家でもだいたい定まっていたはずである。だが、それぞれの家でどういう類型が立てられていたのか、それはどのように運用されていたのか、家によってどういう違いがあったのかといったことがよくわからない。

この問題については、私はすでに『刀と首取り』で取り上げたことがあるが、そういう根本的な問題について、いまだにはっきりした答えが出せないでいる部分がある。それで改めて、私が考えていることを説明させていただきたい。

武田家では「大将のためになる行為」が基本

どういう形にせよ、関係者の間では、いくつかの功名の類型が想定されていたに違いないというのが私の考えである。それが間違っていなければ、基本的な形は、どのようなものだったのかというのが、まず出てくる問題である。

いささか古い話をすると、最初の蒙古《もうこ》襲来の文永《ぶんえい》の役《えき》（一二七四）の後、肥後《ひご》（熊本県）の住人竹崎季長《たけざきすえなが》は、幕府に恩賞を求めた。彼は、「先駆け」の功があったと主張したのだが、容易に認めてもらえなかった。これは、戦功としての「先

駆け」の〈格付け〉とも関係していたらしい。この時代には、討死《うちじに》と分捕り（敵の首を取ること）が戦功の第一で、負傷することはどうやら戦功のうちに入ったが、「先駆け」はそれより下だったのだという（川添昭二《かわぞえしょうじ》『北条時宗』）。

この時代から、そういう考え方があったのだとすれば、それは戦国時代にも続いていたのではないかと考えられる。さらにいえば、戦乱が日常化してくれば、それくらいでは足らずに、もっと精緻《せいち》なものが必要とされたのではないかとも思うのだが、余りはっきり書いたものはなさそうである。

武田信玄の遺法を伝えたと称する甲州《こうしゅう》流の軍学書「信玄全集末書」には、**武田家では、首を取ったのも、敵の攻撃に耐えたのも、鑓（槍）をとって接戦したのも、弓鉄砲を放ったのも、戦場で忙しく立ち働いて大将のためになる行為をすれば、すべて功名としたとある。**また、それぞれの功名の評価は、そのときの敵の出方や人数、地形のあり方、敵味方どちらから仕掛けたかなどの要素を勘案したようにもいっている。

たしかに、そのとおりかもしれないが、そんなシンプルなことで、論功行賞《ろんこうこうしょう》がうまく行われたのだろうかと、少し心配にならないでもない。

甲州流軍学の基本的なテクストである『甲陽軍鑑《こうようぐんかん》』は、もう少し違う説明をしている。信玄家中の武士の手柄として特に評価されたのは、**第一に鑓を合わせること、第二に鑓下《やりした》の高名あるいは馬上で敵と組んで落ちての高名、第三に二番鑓《にばんやり》あるいは鑓脇《やりわき》**だとしている。この三種がよき誉《ほま》れだというのだが、延べにすれば五類型である。

もっとも、そのほかにも、**自分の備えから人より先に突出すること、深入りして引き揚げるときに殿《しんがり》すること、味方の負傷者を助けて帰ったり、戦死者の首を敵に取らせずに持ち帰ること**なども挙げている。

武田家では、だいたいこのあたりが基本的な功名の類型だったと考えてよいのだろう。ただ、それが信玄の遺法を正しく伝えているかどうかという根本的な疑問は残る。

織田・豊臣時代は「高名、太刀討、鑓、わけい」

第一章五項で触れたように、武田家などは〈遅れた〉家だったと見られている。そうであれば、織田・豊臣など〈進んだ〉家では、こういった問題についても、斬新な対応がなされていたはずだが、それがほとんどわからない。

信長については、桶狭間《おけはざま》の戦い（一五六〇）のとき、敵の大将今川義元《いまがわよしもと》の首を取った者より、事前に「能言《よきこと》」をいった者に手厚く報いたという話がある（「甫《ほ》庵太閤記《あんたいこうき》」など）。それを根拠に、信長のところでは独自の功名の扱いがされていたかのようにいう人が絶えない。

しかし、この場合、元になった話自体がまったく根拠のないものであるし、そもそもこの時代の感覚では、命がけで敵将の首を取ってきた者より、ちょっと気のきいたことをいった人間のほうを優遇したりしたら、家臣たちがおさまらない。信長といえども、そんなことはできるものではなかった。

この時代、功名のあった者にお褒めの言葉を記して与える感状《かんじょう》というものがたくさん出されている。どのような種類の功名を立てたのかに触れている場合も多く、その中には、頭を働かせたことを褒められている事例もあるが、あくまでも例外的なものである。大部分は、**一番槍を入れた、敵を討ち取った、自身が負傷したというような、体を張っての働きに関わるもの**で、その傾向は、戦国時代が終わるまで変わっていない。

ということで、一部の人が主張するように、桶狭間以後、武功に対する価値観がガラリと変わったなどということはありえない。信長本人が発給した感状の類《たぐい》はきわめて少ないが、そういうものを見ても、〈斬新〉な感覚をうかがわせるようなものは見当たらない。

信長が発給したと見られる感状が少ないのは、たまたま残らなかったというよりも、実際に余り出されていなかったのだろうと思われるが、秀吉についても同じことがいえる。賤ケ岳《しずがたけ》の戦い（一五八三）の七本槍《しちほんやり》の面々に対する感状などを含めて若干の例があるが、功名の体系に見当をつけられるほどはない。織田・豊臣両家については、感状以外の材料も余り見当たらない。

というわけで、織田・豊臣時代については、非常にわかり難いのだが、わずかに手がかりになりそうなのが細川家の重臣沢村大学《さわむらだいがく》（吉重）の〈証言〉である。彼は、小牧《こまき》の戦い（一五八四）などいくつかの合戦に参加した同家の古老だが、島原の乱（一六三七～三八）のあと、細川家の家臣たちの戦功をどう扱うかについて意見を求められた。

それに対して、沢村は、**昔は「一高名　二太刀討　三鑓　四わけい」が重視さ**

れていたとまず答えている。ただ、最近は「鑓」が重く見られるようになって、他は軽く見られるようになったともいっている（「細川家文書」）。

沢村のいう「高名」とは、首を取ることではないかと思われるが、たしかなところはわからない。「太刀討」は、文字どおりに解釈すれば、刀をもってチャンバラを演ずることだが、この時代の史料にある用例では、必ずしもそうではない。そのことは『刀と首取り』で詳しく記したし、また四項で述べる。

「鑓」は、これも字面《じづら》のとおりなら、槍をとって敵と接戦することであるが、敵と渡り合ったことを象徴的にいったものと解される場合も多い。そのことも四項で改めて取り上げるが、それでは「太刀討」となぜ区別されているのかがよくわからない。

最後の「わけい」もわかり難いが、おそらく「脇居」という文字を当てるのだろうと思う。そうであれば、一般に軍学書などでいう「鑓脇」のことであって、槍をもって接戦している者を、弓・鉄砲あるいは刀など他の武器をとって、傍《かたわ》らから援護する行為である。

沢村の説明どおりなら、戦国時代もかなり押し詰まった時期になっても、功名の主な類型は四つしかなかったことになる。もちろん、それ以前は、もっと多かったなどということはないだろうから、その程度のシンプルなもので、うまく運用できたのだろうかという疑問は残る。次に触れるように、江戸時代の軍学者などは、功名にはきわめて多くの類型があったといっているのだが、それは本当なのだろうかという疑問も、併せて起きてくる。

軍学に共通する功名の類型

江戸時代に存在した軍学の流派はきわめて多く、石岡《いしおか》久夫《ひさお》氏によると、流派名の残っているものだけでも六〇余りあるという（『日本兵法史』）。しかし、それらから分派したものも多数あり、すべて数えれば、その四倍くらいある。

それらのうち大流派と目《もく》されるものとしては、武田信玄の遺法を伝えたという甲州流（武田流）、その系統に属する北条流、山鹿《やまが》流、長沼《ながぬま》流および風山《ふうざん》流、上杉謙信の遺法に拠るという要門《ようもん》流および宇佐美《うさみ》流がある。

これらの流派の伝書では、いずれも功名の類型を掲げている。甲州流は一六類型だが、流祖が甲州流を学んだ風山流は二七類型あり、もっとも多い要門流は三二類型を挙げている。これらの中には重複するものもあるが、ある流派にあって他の流派にはないというものも当然ある。全体では四七類型ほどである。

それらのうち、七流派が共通して挙げているのは、**「一番鑓《いちばんやり》」「二番鑓」「證《しるし》・証《あかし》」「将を討《うつ》」「後殿《しんがり》・後駆《おくれがけ》」「鑓下」「鑓脇」の七種**である。このほか**「組打《くみうち》」**を長沼流以外の六流派、**「先登《せんとう》・一番首」**を風山流以外の六流派が挙げている。

「一番鑓」「二番鑓」あるいは「組打」「先登・一番首」などは説明不要であろう。「證・証」は首を取ってくること、「将を討」は敵の大将を討ち取ること、「後殿・後駆」は殿を務めることである。「鑓下」は流派によって、少し解釈が違うが、接戦の場で敵を討ち取ることと理解しておいてよいだろう。「鑓脇」については、さきほど沢村大学の意見に関して説明したとおりである。

こうして見ると、ここで取り出したような類型は、軍学者の机上の創作といったようなものではなく、現実に各家々で論功の対象とされていたと考えて不自然なところはない。また、それ以外の類型にしても、一つずつチェックしてみると、荒唐《こうとう》無稽《むけい》な現実離れしたものは、余り見当たらない。

たとえば、宇佐美流、長沼流を除く五流派が挙げている「将附」という類型がある。これは敗軍のとき、大将の側を離れずに護衛の任を果たすことである。実例として、関ケ原《せきがはら》の戦い（一六〇〇）で薩摩《さつま》（鹿児島県）の島津義弘《しまづよしひろ》が敵中突破して退却したとき、馬側に従った者が何十人かいるが、彼らは、帰国後、そのことを賞されて感状をもらったりしている（「薩藩旧記雑録《さつぱんきゅうきざつろく》」）。

ということで、軍学者のいうところは、だいたい信じてよいと思えるのだが、それでは具体的にどのように適用、運用されていたのかというと、やはりわからないことが多い。

POINT

・大将のためになる行為、体を張った活躍が主に功名とされ、その類型は数十種にのぼる。

二　死傷することと功名――必ずしも、無条件で褒められたわけではない

戦死は功名か

戦死と功名の関係といっても簡単ではない。たとえば一番乗《のり》とか殿を果たして戦死した場合には、まぎれもなく功名であるから、問題は、死後の行賞をどうするかということが残るだけである。だが、そういう〝名誉の戦死〟ではなく、これという働きもなしに戦死した者やどういう死に方をしたのかもはっきりしないような者は、どうだったのかという問題がある。負傷者についても、はっきり功名を立てた場合はよいとして、そうでない場合はどう扱われたのかという同様の問題はある。

前の項で触れた竹崎季長の時代には、**討死はまぎれもなく功名、手疵を負えばまあ功名と**いう感覚があったらしい。だが、もう少し時代の下がった鎌倉末期から南北朝時代になると、**従軍するだけで忠節であり、まして参戦して戦死したり、負傷したりすれば、どういう形であろうと、それだけで立派な手柄**であると

いう観念があったようである。

この頃、盛行した軍忠状《ぐんちゅうじょう》というものについては、また次項で述べるが、それらを見ると、そうしたことがうかがい知れる。ことに戦死については、遺族がそれを故人の戦功として申し立てているような例がいくつもある。

そういう観念は戦国時代にも持ち伝えられていたのではないかと思うのだが、参考として、江戸時代の軍学書を見てみると、宇佐美流では、**うつ伏せに倒れていても、あお向けに倒れていても、戦死すれば功名**だとしている（「武経要略《ぶきょうようりゃく》」）。

うつ伏せに倒れるとは、敵に立ち向かう姿勢を見せていたということであろうし、あお向けに倒れるのは、ことによると敵を避けようとしたのかもしれないが、どちらであっても、戦死は戦死として功名とするという意味である。この流儀は上杉謙信の軍法を伝えたと称しているのだが、謙信が、実際にそういう扱いをしていたのかどうかは不明である。

甲州流の系統を引く長沼流では、功労があって戦死した者と特別の功もなく戦死した者を分け、前者については、その功績にしたがって「遺子を賞禄し」感状も与えるとしている（「兵要録」）。加増などの形で恩賞も考えるということだろう。戦死者に宛てて感状が発給された例も実際にあるが、当然、遺族に交付されたのであろう。

後者については、その子に「本禄」を継がせるとある。親の知行《ちぎょう》は、そのまま相続させるということであるから、賞罰なしというところであろう。ただし、**功なくして死んだ者のうち、逃げ走るうち殺されたような者の遺子には、それもしないとあるから、知行は召し上げ、家は断絶**というわけである。

戦死者の知行や地位は、概ね相続できた

どちらが当たっているのか、どうもよくわからないが、戦死した者の知行や地位は、どう受け継がれたのかという角度から考えてみよう。

近江《おうみ》（滋賀県）の六角《ろっかく》氏の場合などで見ると、同じ合戦で戦死した者たちの遺児に宛てた書状で、父誰それが討死したが、「比類無き働神妙《しんみょう》之至《のいたり》、尤忠節候《もっともちゅうせつそうろう》」とするものと、単に「神妙之至尤忠節候」とするものがあって、使い分けがされている（「三宅文書」など）。

前者については、「家之儀」はこれまでどおり申し付けることとし、いささか

も相違あるべからずとあって、従来どおりの処遇を約束しているが、後者には、そうした文言はない。とすると、死後の扱いにも差があったとも考えたくなるが、そうだったのだろうか。父親が戦死した場合、よほど特別の理由がない限り、子供は少なくともその地位を継承できたというのが一般的な慣行だったのではあるまいかという気もする。なお、**戦死者の遺族を優遇する**ことについては、大内《おおうち》家や結城《ゆうき》家のように、明文をもって定めている例もある。

天正《てんしょう》三年（一五七五）十二月、武田勝頼が同じ日付けで出した朱印状が二通残されていて、いずれも「討死 并《ならびに》 忠節之人之遺跡《いせき》」の扱いに触れている（「秋田県公文書館所蔵文書」など）。ここにいう「遺跡」とは、知行や役職のことを指しているのであろう。

それらによると、**跡継ぎとなる者が十八歳未満であったら、しかるべき者を死者の「陣代《じんだい》」に立て、跡継ぎには「堪忍分《かんにんぶん》」を与えて扶助《ふじょ》する**とある。その者が**十八歳に達したら、その翌年から、死者の遺跡を相続させる**ともある。

ここで「討死并忠節之人」と書いているのは、忠節を尽くし、かつ討死した者ということではあるまい。戦死した者には無条件でそうした措置を取るし、それ以外の病死者などでも、生前功労があったと認めれば、同様に扱うという趣旨ではないかと思われる。実は、年紀はわからないが、勝頼の姉婿の穴山梅雪《あなやまばいせつ》が出した文書にも、兄が陣中で病死したのは討死と同様だからといって、その弟に既得権を保証してやったものがある（「河内《かわち》領《りょう》古《こ》文書《もんじょ》」）。

　そうであれば、**武田家では、少なくとも戦死した者であれば、その跡は成人した子がいればそのまま、未成年であれば成年を待って相続させた**ということになるのではあるまいか。加増などはともかく、長沼流の軍学でいう「本禄」は保証されていたということである。

　小田原の**北条家の場合には、戦死以外の不慮の死を遂げたようなときは、特筆されるような忠節があればともかく、原則として子孫の相続は認められなかった**らしい（黒田基樹『戦国大名』）。

　そういった事情とどう関連するのかはわからないが、武田の重臣高坂昌信《こうさかまさのぶ》は、武田勝頼に、長篠《ながしの》の戦い（一五七五）で戦死した士大将《さむらいだいしょう》たちの跡をどうするかについて、武田勝頼に一つの提案をしたという。彼らの子供たちに、そのまま跡を継がせるのではなく、足軽大将を昇格させて士大将としてはどうかというのである（「甲陽軍鑑』）。彼は、自分が死んだならば、息子は小身にして、自分の預かっている人数は他の者に預けて欲しいともいったとある。

高坂昌信は正しくは春日虎綱《かすがとらつな》であり、『甲陽軍鑑』には彼に仮託した記事が多いから、この話もどこまで本当かはわからない。ただ、**父親が死ねば、特段の事情がない限り、子供がその知行と地位を受け継ぐのは当然とされていた**から、そんな話もあるのかなとも思われる。

そうであったとしても、戦場に臨む人間にとっては、安心してばかりはいられなかっただろう。本能寺の変（一五八二）のとき、明智光秀は、京都に入る前に部下たちに対して、がんばって手柄を立ててくれと申し渡したが、それと併せて万一戦死した場合の措置にも触れた。兄弟や子供のいる者は、当然、それらに跡《あと》職《しき》を継がせるし、それもいない者は、縁者を見つけて必ず相続させるから、安心して働いてくれというのである（『川角太閤記《かわすみたいこうき》』）。

この時代の武士たちにとって、**死後についての最大の関心事は、自分の家と知行を無事に維持できるか**ということであった。主家は繁栄しても、自分の家が潰れてしまったのでは、まさしく「死ぬ者貧乏《びんぼう》」である。また、当時の人たちの心情としては、死後自分とつながりのある者に、ちゃんと供養《くよう》してもらえるかどうかも切実な問題だっただろう。「川角太閤記」の記事が真実を伝えているかどうかは疑問だが、話自体は、この時代の空気をよく反映しているといえる。

原則として負傷は功名

負傷者と功名の関係については、一番槍や殿などの戦功を立てて負傷した例がいくらもあるが、戦死者の場合のような面倒な問題はない。本人は生きているのだから、それに**相応する行賞を受けることができる。**そんな例も山ほどあって、逐一挙げるまでもないが、問題は、これという戦功も挙げることなく負傷した者の扱いである。

鎌倉末期から南北朝時代には、参戦して負傷すれば、それだけで立派な手柄であるという観念があったことは前にいったとおりである。軍忠状には、どこそこの戦いでどういう疵を蒙《こうむ》ったという類のことが、枚挙《まいきょ》に暇《いとま》がないほど現れる。

戦国時代にも、**戦場で負傷した者に感状が出ている例がいくらもある**が、どういう働きがあったのか不明なものも多い。**口先で褒めているだけではなく、実際**

に**行賞がなされた場合も少なくなかった**であろう。養生《ようじょう》が肝要であると気配りを見せている例もある。

江戸時代の軍学書で説明されているところも、それほど違わない。甲州流では、大小の合戦あるいは城攻めに当たって、「鑓長刀《なぎなた》弓鉄炮にての深手負《ふかで》うは、抽《ぬき》んでたるかいがいしきわざなり。向疵《むこうきず》もっともよし」といっている（「信玄全集末書」）。ただし、同じく鉄砲に当たった場合でも、ずっと離れた後備などでやられたのは「冥加《みょうが》のなき人」と定めるとある。

これでは、そうした例外を除き、原則として深手（重傷）を負った者だけを功名としたように受け取れるが、それでよいのだろうか。鎌倉末期から南北朝期の事例では、浅手（軽傷）であっても、戦功として申告され、確認も受けている。

甲州流的な考え方では、少なくとも、接戦して重傷を負った場合は功名とされるのは当然であったともとれるが、それを疑わせるような話もある。信州《しんしゅう》（長野県）の真田《さなだ》家では、大坂夏の陣のとき、真田信吉《のぶよし》・信政《のぶまさ》兄弟が部隊を率いて参戦したが、敵に与えた以上の損害を出した。鎌原某という者も苦戦したあげく、家来三人を討死させ、本人も重傷を負った。戦後、信吉は鎌原に加増してやりたいと、本国に残っていた父の信之《のぶゆき》に相談したところ、叱りつけられた。

信之にいわせれば、敵も討たずにそこまでやられたのは、負け戦《いくさ》というものである。そんな者に加増するようなことをしていたら、身上はたいても足りなくなるぞと涙を流して息子を訓戒したという（『名将言行録《めいしょうげんこうろく》』）。真田家は、かつて武田家に属した家だが、甲州流でいうような見方はしなかったということである。

もっとも、甲州流が本当に武田信玄の遺法を伝えているかどうかは疑問だし、そうだったとしても、信之が特にシビアーだったということもあるから、結論は保留せざるをえない。

後ろ疵も、一概には非難されなかった

負傷と功名の関係については、前述した程度のことしかわからないが、向こう疵が特に評価されたというのは理解できないではない。それなら、その反対の、後ろ疵はどうなのかということになるが、**甲州流では一概に非難すべきではない**としている。

たとえば、敵を組み伏せたときに味方が続かず、敵兵に後ろから切られたと

か、城際まで攻め寄せて引き揚げるとき、背後から弓鉄砲でやられるとかいう場合が想定されているのである。もちろん、その前提として、**後ろ疵は卑怯《ひきょう》であるという〈原則〉があることはいうまでもない。**

こういう考え方は、他の流派にも共通しているが、当時の戦闘の実態を考えると、後ろ疵を負わされる機会は、けっこう多かったと思われる。それも甲州流でいっているような格好のよいものではなく、**逃げる途中にやられる場合が圧倒的に多かったはず**である。**死傷者がもっとも出やすい場面は、負け戦になって追い撃ちされるとき**であったから、それも当然であって、背後から射られたり、突かれたりするケースは、ざらにあったに違いない。

一つの例として、四国の十河《そごう》家に仕えていた二鬼島道智という人が、天正五年（一五七七）秋に淡路衆が阿波《あわ》（徳島県）の一宮《いちのみや》城で敗軍したときのことを記している。淡路衆五〇〇のうち半数くらいが討ち取られ、残る者もほとんど負傷したが、「背中を二刀、三刀切られたる人もあり、腕を後ろから切られたる人もあり」という状況だった（「昔阿波物語」）。もっとも、追いかけたほうは、刀だけでなく、当然、槍などもふるったはずである。

まあ、同様の光景は、各地で見られたに違いないが、史料的に確認できるものはきわめて少ない。戦国時代につくられた戦闘報告書の類は多数残されていて、負傷の種類や部位まで記されている例も少なくない。だが、私の知る限り、後ろ疵が報告されているのは、大永《だいえい》七年（一五二七）、安芸での戦いで背中に石疵を受けた兵士一人の例だけである（『萩藩閥閲録《はぎはんばつえつろく》』）。ただ、肩や腕に負傷した例は、いくらも報告されているから、それらの中には、二鬼島道智が記すように背後からやられた者も混じっているのかもしれない。

POINT

・戦死や戦場での負傷は原則として功名とされた。
・父が戦死した場合、知行や地位は概ね子に相続された。

三　功名の認定方法――誰がどうやったのかは、余り明快ではない

自己申告を待つか、報告を求めるか

戦国時代の武士たち、ことに自ら手を下して働かねばならないクラスの武士たちにとっては、多少大げさにいえば、**功名を立てることに生活と人生がかかっていた**。彼らを働かせる側にとっても、論功行賞をどうするかは、おろそかにできない問題であった。

そのためには、なにをもって功名とするかがはっきりしていなければならないが、それが必ずしも明らかでないことは、一項で触れた。それでも、この点については、ある程度見当がつくが、功名を誰がどのように認定していたかということになると、それ以上にわからないことが多い。とりあえず、私のわかっていることをお示ししておきたい。

古い鎌倉時代頃には、まず**本人が口頭で大将に申告し、物証として取ってきた敵の首を差し出すとか、自分の負傷の状況を見てもらうというのが通常の形**だったようである。それで納得《なっとく》してもらえなければ**証人を立てたりする**が、時には敵方だった人間の証言をとることもあった。そういったことは、『吾妻鏡《あづまかがみ》』の記述などからもうかがえる。

戦闘の規模も小さく、その内容も概して単純で、参戦者もそれほど多くなかった時代には、それで足りたのかもしれないが、だんだん状況は変わってゆく。そういうことと関係があるのかどうかはわからないが、鎌倉時代の末期から**軍忠状というものが盛行するようになる**。これは従軍して戦闘に参加した武士が、**自分の忠節を申告して、主君や指揮官から確認してもらうもの**である。書式や記載される内容は、必ずしも一定していない。

これは自己申告書類だが、それがすんなり受理されるわけではない。主君や指揮官から証判をもらう段階で、かなり厳密なチェックを受けることになるのが普通である。初期の例では、本人や部下が負傷したというと、それが事実かどうかはもちろん、重傷か軽傷かまで詳しく調べられている。提出する側も、それは誰それも見ていることだなどと、証人の存在を挙げている例が多い。

軍忠状は全国的に行われていて、東北から九州まであらゆる地域で見ることができるが、次第に流行《はや》らなくなった。その理由はよくわからないが、功名の確認は、また別の形をとるようになる。きわめて大ざっぱに分けると、各種の**「注文《ちゅうもん》（リスト）」というような形で参戦者に報告を求めることを主体にやっていたと見られる家とそうではなかった家**ということになるだろう。

報告書を徴《しる》していた家では、出されたものをチェックしたに違いない。その限りでは、かつての軍忠状と変わらないし、「注文」と並んで軍忠状形式のものが使われていた例もある。

　文書があっても、そうそう簡単には処理できなかったはずだが、そういうものもなかったら、どうだったのだろうか。指揮官あるいはそれに代わる者が見届けていたのか、武士たちの自主性にまかせて、なにかいってくれば対応していたのか、どうもその辺のところがわかり難い。

「注文」などが残っていない家を見ると、武田家では、**「寄親《よりおや》」として中小の武士たちのとりまとめに当たっている有力者が配下の武士たちの戦功を上申することが責務とされていた**が、文書でやったのか、口頭でやったのかはわからない。北条家では、**武士たちが互いに戦功を証明し合っていた**と研究者から聞いたことがあるが、これも文書化したのかどうかはわからない。

　今川家なども、その種の文書をほとんど残していない家だが、今川義元の発給した感状の中には、いつどこで、どのように負傷したのか具体的に記したものがある。この家には、ほかにも同じような例があるから、なんらかの文書は取っていたのではないかと思うのだが、やっぱりよくわからない。

自分の目で確認した信長、秀吉

戦闘報告書の類が数多く残されているのは、大内家、毛利《もうり》家、大友《おおとも》家などを中心に、西日本の諸家が多い。これに対して、東日本では武田、上杉、北条、伊達などの諸家を含めて、ほとんど見ることがない。これらの家の文書は相当量残されているのだから、収集の手が及んでいないというより、もともとなかったのだろうと思われる。この方面では、私の知る限りでは、今川家にそれらしい史料が一、二あるくらいである。

畿内とその周辺も同様で、織田家、豊臣家などを含めて、そうした史料は、まったく見たことがない。ただ、近江の六角家のように、報告が提出されたことはわかっているが、現物は残っていないというケースもあるから、皆無《かいむ》とはいえないのかもしれないが、つくられることが余りなかったから、残っていないと考えるほうが素直であろう。

文書をつくらなかった家では、それに代わってどうしていたのか、よくわからないことは、すでにいったとおりだが、〈能力主義者〉信長などは、いったいどうやっていたのだろう。

美濃《みの》（岐阜県）堂洞《どうほら》の城攻め（一五六五）のとき、太田牛一《おおたぎゅういち》が弓をもって働いているのをみた信長が、三度まで使いをよこして褒め、その後、加増があったと牛一自ら『信長公記《しんちょうこうき》』に記しているが、この種の話はいくつかある。

浅井・朝倉勢と戦った姉川《あねがわ》の戦い（一五七〇）のとき、川越しに渡辺金大夫《わたなべきんだゆう》の活躍ぶりを見ていて、「天下第一の槍」と記した感状と貞宗の脇差を与えたという（『武家事紀』）。同じ年、摂津《せっつ》（大阪府）淀川堤《よどがわづつみ》での本願寺勢との戦いでは、やはり対岸から前田利家の働きを見て「日本一」と声をかけたという（「前田家譜」）。そういった類の話が事実であるとしても、自分の目の届く範囲は限られているから、本隊だけでも大人数になった家臣らの戦功の確認をすべてやれるものではない。

秀吉にも似たような話がある。柴田勢との賤ケ岳の戦い（一五八三）のとき、後に「七本槍」とされる面々を含む九人に「秀吉眼前に於いて一番鎗を合わせ」たことを讃える感状を出した（「加藤文書」など）。一番槍が九人もいるのもおかしな話だが、現物が何通か残っているから、たしかに発給されたのである。**秀吉は自分の目で部下の功名を確認している**のである。

だが、それでも問題はあったらしい。武者奉行の戸田《とだ》勝隆《かつたか》と尾藤《びとう》知宣《とものぶ》が、あれは「本鎗《ほんやり》」ではないと言い出したというのだ。このときの七本槍の働きには、負傷した敵兵の首を取ろうとして迫っていったのだという見方もあるから、本当の意味での接戦格闘を演じたわけではないという判断だったのだろう。それで彼らの後に続いていた大崎長行《おおさきながゆき》が証言を求められ、その結果「鎗」と認められた(「大崎玄蕃《おおさきげんば》働《はたらき》之《の》覚《おぼえ》」)。

こういう話を見ると、**奉行人《ぶぎょうにん》たちが功名の認定に大きく関わっていた**ことがわかるが、彼らだって、とても戦闘の全局面を見ていられるわけではない。そうなると、確認しきれない分は、文書ではとらないものの口頭での報告を上から要求していたのか、それとも本人たちが申し出てこない限り放っておいたのか、そこがわからない。

たしかに、当時の武士たちは、功名についてはうるさかったから、それでもよかったのかもしれない。だが、織田家、豊臣家などが源《みなもとの》頼朝《よりとも》時代からやっていたような方法を取っていたのだとしたら、そういう面でも余り進んでいなかったことになる。一方、それで足りるなら、なんでわざわざ文書の提出を求める家があったのか、それもまたわかり難い。

功名の認定には証拠が必要だった

功名の認定にいろいろ問題があったことは、寛永《かんえい》十五年（一六三八）、島原の乱の後の細川家の対応を見てもわかる。家臣たちの功名の認定に苦労した細川忠利《ほそかわただとし》は、父の忠興《ただおき》に対して、「信長様之御代」には、戦功の穿鑿《せんさく》などはまったく行われなかったと聞いているが、そういうわけにもいかないので、いろいろ証拠などを集めてやっているといったようなことを書き送った（「部分御旧記」）。

それに対して忠興は、不思議に思うかもしれないが、少なくともわが家では、関ケ原の戦いから大坂の陣まで、そういうことはしていないと答えている。大坂で五、六人の中の誰が先で誰が後かといった議論があった程度だというのである。そういう口ぶりからすると、信長時代も秀吉時代も、そんなことはなかったということらしい。

もっとも、忠興のいう「武篇《ぶへん》（辺）之せんさく（穿鑿）」というのは、功名の認定そのものをいっているのではあるまい。それをやらないで、誰も彼も貢献度は同じだなどといっていたら、まともに働く者などいなくなってしまう。おそらく、**証拠を集めて細かいチェックなどはせずに、主君の判断で決めていた**という意味ではないだろうか。

それなら、一応ツジツマは合うが、主君が判断するといっても、なんに基づいて行うのかという問題は依然として残る。本人たちの言い分をそのまま受け入れるというのであれば、彼らがウソをついたらどうなるという問題が出てくる。主君本人や奉行人などの確認したところに基づいてやるといっても、それには限界があることは、すでにいったとおりである。

忠興は、大坂の陣でもそんなことはなかったようにいっているが、他の家では功名の穿鑿のために、ずいぶん努力を払っている。井伊《いい》家や藤堂《とうどう》家には、それに関する詳細な史料も残っているが、本人からの聞き取りや申告だけでは済まないから、証人を立てさせたりしている。確認のために、後になってではあるが、敵方だった人間に照会したような例もある。こういうところは、『吾妻鏡』の時代と、ほとんど変わらない。

戦後になっても思い悩んだ忠利だが、乱の最中に組頭たちに流した心得では「かうみやう（功名）上中のせうこ（証拠）専《もっぱ》らたるべし」といっている（「高田文書」）。**功名の認定は、証拠を専一にする**ということで、結局、彼もその線で細かい穿鑿をやらざるをえなかった（「有馬《ありま》一件《いっけん》ニ《に》付《つき》武功《ぶこう》御《ご》吟味《ぎんみ》并《ならびに》働《はたらき》面々《めんめん》覚書《おぼえがき》」など）。これで私の疑問に答えが出たわけではないが、やはり功名の認定には、**関係者を納得させられる証拠が必要だった**ことだけはわかる。

POINT

・功名の申告は、戦功をあげた本人が行ったり、指揮者が報告を求めたりした。
・主君が判断する場合もあったが、功名の認定にはそれなりの証拠が必要だった。

四　「太刀」と「鑓」の意味するもの――それは象徴的に使われていた

「太刀討」がチャンバラとは限らない

南北朝時代から戦国時代にかけての軍忠状の類や感状などを見ていると、「太《た》刀討《ちうち》」「太刀打」「刀打」といった言葉が頻出する。時代が下がって戦国《たけなわ》の頃に向かうにつれて「槍」（鑓あるいは鎗と書かれている場合が多いことは、すでに触れた）という形容が用いられることが次第に多くなってくる。これらを文字どおりに解釈してよいのだろうか。

まず「太刀討」「太刀打」「刀打」いった類の言葉だが、私の知る限りでも、建《けん》武《む》三年（一三三六）頃から慶長《けいちょう》五年（一六〇〇）頃まで用い続けられている。具体的にいうと、楠木正成《くすのきまさしげ》が湊川《みなとがわ》で戦死した頃から、関ケ原の戦いの頃にまで及んでいるということである。

軍忠状などではないが、川中島の戦い（一五六一）の後、近衛前久《このえさきひさ》が上杉謙信（当時は政虎《まさとら》）に送った書状にも、謙信自ら「太刀討」に及んだとは比類のないことで、天下の名誉であるという文言がある（「歴代古案」）。信玄・謙信両雄の一騎打ちがあったとする〈証拠〉として、しばしば持ち出されるものである。

文字どおりに解釈すると、これらは日本刀を振り回して敵と渡り合ったこと、つまりチャンバラを演じたことをいっているのだろうと思われがちだが、実はそうではない。そのことは、すでに『刀と首取り』などで取り上げており、私としてはわかっている問題であるが、いまだわからない人も多いので、二、三の事例を挙げて、改めて触れさせていただく。

応仁文明《おうにんぶんめい》の乱の最中の文明元年（一四六九）十二月、大内家に属していた仁保《にほ》弘有《ひろあり》は、摂津（兵庫県）での戦闘の状況を「於摂州神崎合戦之時太刀打手負事《せっしゅうにおいてかんざきかっせんのときたちうちておいのこと》」という文書にして上申した（「三浦家文書」）。それによると太刀打したという者が六人、そのうちの四人が負傷しているが、三人が矢疵、一人が突疵となっている。

素直に読むと、三人は弓矢を持つ敵に刀で立ち向かって行って射られ、一人は刀で槍と渡り合って突かれたことになる。だが、刀で弓矢と戦うのが無茶なことは、古代から知られていたことで、それを示す話はいくらもある。また、刀で槍と戦うのも、戦国時代の武士だったらまずやろうとしないことで、それを裏付ける話も数々ある。

仁保弘有の子孫の興奉《おきとも》も、大永七年（一五二七）十一月、備後《びんご》（広島県）での合戦の後に「興奉郎従《おきともろうじゅう》 并《ならびに》僕従《ぼくじゅう》太刀《たち》討《うち》討死《うちじに》手負《ておい》人数《にんずう》注文《ちゅうもん》」というものを上申している（『三浦家文書』）。「太刀討」したとされる三人はいずれも負傷しているが、二人が矢疵、一人が槍疵であるから、同じようなことが考えられる。

やはり大内家に属していた乃美家氏《のみいえうじ》は、文亀《ぶんき》元年（一五〇一）七月、豊前《ぶぜん》（福岡県・大分県）の戦場で「太刀討」して主従五人が負傷したとして軍忠状を提出した（『萩藩閥閲録』）。負傷はすべて槍疵であるから、文言どおりなら、五人が五人とも刀を抜いて槍に立ち向かって怪我をしたことになる。この時代の戦闘常識からすれば、信じ難い話である。

天文《てんぶん》元年（一五三二）十一月、豊前の大内家の属城にあって大友勢と戦った佐《さ》田《だ》朝景《ともかげ》の軍忠状のような極端な例もある（『佐田文書』）。この戦いでは士分九人、下人《げにん》一四人、合わせて二三人の負傷者が出た。朝景はそれを、「太刀討分捕《ぶんどり》并被疵人数注文」と題して上申したが、二三人すべてが矢疵であり、そのうち下人一人だけが矢疵と併せて太刀疵を受けている。

これも素直に解釈すれば、敵がさかんに矢を射かけてくるのに対して、自分たちはひたすら刀を振り回して迫っていってやられてしまったということになるが、そんなおかしな戦闘形態は考えられない。城を守っての戦いのことでもあるし、双方弓矢を主体に戦ったことは、まず間違いないところである。

こうした事例を眺めていけば、**「太刀討」「太刀打」「刀打」といった表現は、なんであれ武器をとって敵と渡り合ったことを、「刀」で象徴させているだけのこと**であろうと考えられる。それが慣行化していたことから、仁保弘有以下の人々は、慣例に従ってそう書いたまでであったと思われる。互いに刀を振り回してチャンバラをやりましたという意味ではないのである。

「鑓」も槍をとっての働きとは限らない

「太刀討」「太刀打」「刀打」といった言葉が象徴的に使用されていたことは、先に述べたとおりだが、それでは槍（鑓）はどうだったろうか。当時の史料には、「鑓を合わせた」「鑓を入れた」「鑓を突いた」「鑓を仕《つかまつ》った」という類の形容が頻繁に現れる。これらは、すべて本当に槍をとっての働きを指すものと理解しておいてよいのだろうか。

この問題について、江戸時代の故実家伊勢《いせ》貞丈《さだたけ》は、その著『貞丈雑記《ていじょうざっき》』において、**武士が他出するとき、供の者に槍を持たせるようになった**のは、信長・秀吉の時代から始まったことであって、足利将軍家のころには、そういうことはなかったといっている。

それがそうなったのは、**「一番鑓」を誉れとするようになったから**である。そのため、以後は「合戦に侍は必ず鑓を以《もっ》て戦わざれば武功にならず」ということになったのだと貞丈は説明している。槍以外の武器で戦っても功名とは認められなくなったというのである。

だが、これとまったく逆の見方もある。軍学者の真田《さなだ》増譽《ぞうよ》は、戦国時代には槍が接戦時の主武器となったことを認めたうえで、「鑓」という言葉が象徴的に用いられるようになった事実を指摘している（『明良洪範《めいりょうこうはん》』）。前田利家が**太刀打ちの功名のあった者を一番槍としたため**、かれこれ議論があったが、かつて戦場で踏みとどまって石を投げた者が槍の功名とされたこともあるので、これを是認する意見も多かったというのである。なお、この場合の太刀打ちというのは、実際に刀で戦ったものであろう。

どちらが真実に近いかということになるが、伊勢貞丈のいうような傾向は、たしかにあったらしい。大坂冬の陣（一六一四）のとき、薙刀《なぎなた》を用いて接戦した者について、それでは「鑓合《やりあわ》せ」したという感状は出せないというので、もめたという話がある（『常山《じょうざん》紀《き》談《だん》』）。結局、感状は出ているので、そうした形式論が通ってしまった場合、薙刀で働いても、そもそも功名とはされなかったのかどうかまでは、残念ながら知りようがない。

そういう例もあるにはあるが、伊勢貞丈が主張するように、槍で働かなければ功名とされなかったというのは極論に過ぎるようである。感状の類などを見ていれば、**弓や鉄砲での働きも功名と認められている例がいくらもある**。また、名のある者の首を取ったような場合、得物が槍でなければ功名としないといった制約もない。とすれば、**槍以外の武器で働いた場合でも「鑓」という言葉でくくってしまった例も多いのではないか**と思われる。

POINT

・軍忠状や感状などには「太刀」や「鑓」での功績が記されているが、それらは象徴的に使われていた言葉であり、刀や槍以外の武器で働いた場合も少なくない。

五　功名の代名詞「首取り」——きれい事では済まなかった、その内幕

功名を証明するための首取りが、目的になってしまった

わが国には、古くから首取りという慣行のあったことは、よく知られているが、その意味や実態については、いまだにわからないことが多い。この問題については、『刀と首取り』で論じたことがあるが、刀との関係で見たところが多いし、疑問がすべて解消したわけでもないので、もう一度取り上げさせていただきたい。

そもそも論をすると、なぜ首取りというようなことが行われるようになったのかがわからない。**戦場で敵を倒すことは、いつの時代でも功名とされやすかったから、それを証明する手段として行われたのだろう**が、それなら別の方法でもよ

かったともいえる。重たい思いをし、戦闘を中断してまで首を持ち帰ったりする必要はあるまい。実際にも、戦国時代には、首取りに代わる便法が講ぜられることがあったが、あくまでもやむをえない場合の代替策であって、首取りの慣行は、幕末維新のころまで続いている。

中国の秦漢《しんかん》時代に首取りを功名とする制度が行われていたので、それを〈輸入〉したのではないかという説もある。そうかもしれないが、それなら、なぜ秦漢では首を取ってくることを功名としたのか、やはりわかり難い。首を持ってくるのは、あくまでも敵を討ったという功名の証明手段なのだから、それに限定する必要もないし、いわんや首を取ること自体を功名のように扱う必要はない。

わが国でも、武士たちを働かせている側からすれば、敵に打撃を与え、敵の戦闘力を減殺《げんさい》させるのに役立つ場合には、敵兵を倒すことを功名と認める意味があっただろう。それを証明する手段として、首を持って来いという必要もあったかもしれない。だが、現実には、**本来、手段だったものが時代が下がるにしたがって目的に変化するような形となり、なにがなんでも首を取ろうという風潮が、全国至る所に蔓延《まんえん》する結果となった。**

そのため、首取りの実態を見ていると、**本来は必要のないケースが余りにも多い。**戦力ともいえない雑人《ぞうにん》や非戦闘員の類まで追いかけまわして首を取ったり、はなはだしくは病人やすでに死んでいる者の首まで漁《あさ》ったりしているのである。大将のところに集まってくる首の大部分はそれであった。この点について、軍学者の大道寺友山《だいどうじゆうざん》が侍分の者の首の比率など低いものだったといっていることは、すでに触れた（第四章四項）。

また、戦闘報告書の類などをチェックしてゆくと、**首が欲しいばかりに接戦を挑んで、自分たちの側にも死傷者を出した**としか思えないような事例がけっこう見受けられる。これでは本末転倒《ほんまつてんとう》といわざるをえないだろう。

功名とされなかった首

首を取ること自体が、原則として功名とされるようになると、こんなのは功名とはできないという例外も出てくる。その範囲はずいぶん広いが、実際にどこまで厳密に考えられていたかどうかは、また別の問題である。

これまでにわかった限りでいうと、功名とされなかった理由は、大きく分けて二つある。その一は、**取った首の種類や性質そのものが〈規格外れ〉**というものである。その二は、**取り方がよろしくないとされるもの**である。ただし、〈規格外れ〉の首であっても、取った状況や取った者の身分の如何《いかん》によっては、功名とされる場合もあった。

軍学者のいうところなどをベースにまとめると、**首の種類や性質から功名とされなかったものとしては、病人の首、女性の首、小児の首、死者の首など**がある。これらは机上論ではなく、実際にも、そういう扱いを受けていたであろうことは、想像に難くない。ただ、例外の例外もあって、小児の首を取った者が賞揚《しょうよう》されたりした例があるから、一概にはいえない（「真鍋真入斎書付《まなべしんにゅうさいかきつけ》」）。

また、病人の首や死者の首は、発覚せずにパスしてしまうことも多かっただろうし、死者の首の場合には、状況によっては功名とされた例もある（『武徳編年集成《ぶとくへんねんしゅうせい》』）。ゴマカシの例としては、**「作り首」**というのもある。**下人の首などに、拾ってきた冑《かぶと》をかぶせてランクの高い首に見せかけようというもの**である。実際に行われて発覚した例もあるようだ。

軍学者は触れていないが、百姓・町人など、戦闘と関係のない者の首を取ることも、もちろん許されない。だが、大坂落城（一六一五）のときなどは、しきりに行われていたし、概ね発覚もしなかったようである（「大坂陣山口休庵咄《おおさかのじんやまぐちきゅうあんばなし》」など）。**功名とならないどころか、絶対に許されなかったのは、味方の首を取ってくること**である。敵と誤認してやる場合と故意にやる場合と両方あったようだが、軍学のほうではきわめて厳しいことをいっている。

　現実にも問題になった事例が多いが、誤認であれば、必ずしも厳罰に処されたわけではない。ただ、関ケ原のとき、敵と誤って味方の首を取り、徳川家康の判断で許された堀尾《ほりお》家の侍がいたが、同僚たちが騒いだため、〈降格〉されてしまったような例もある（「中村一氏記」）。

　首の取り方が悪いと功名とされなかったり、場合によっては処分されることもあるが、その典型は「**奪い首**」である。文字どおり、**他人の取った首を奪うこと**であるが、〈公正な競争〉を阻害するだけでなく、味方討の原因にもなりやすいというので、どの家でも、その防止には神経をとがらせていた。それにもかかわらず、至る所で行われていて、実例が多すぎて紹介しきれないくらいである。大《おお》久保《くぼ》彦左衛門《ひこざえもん》の「三河物語《みかわものがたり》」にも、兄の忠佐《ただすけ》がそうした被害に遭って、徳川家康に訴えたが、うやむやにされてしまったときの有様が詳しく記されている。

「奪い首」は強盗行為だが、他人の取った首を盗むようなこともしばしば行われた。発覚すれば処分されただろうが、強奪の場合でも、容易に決着のつかなかったことは、大久保忠佐の事例を見てもわかる。窃取の場合には、より発見が難しかったかもしれない。

「拾い首」は、他人が捨てていった首を拾ってきて、自分の功名とするものだが、これも譴責《けんせき》される行為であった。しかし、実際に発見できたのか、できたとしても厳しい処分がなされたものかどうかは、よくわからない。また、拾った人間が、れっきとした士分ではなく、小者《こもの》や中間《ちゆうげん》であったような場合には、かえって褒められることもあったらしい。そういう危ない場所まで行った志《こころざし》を買うのだと説明している軍学書もあるが、戦闘員でない者が危険な場に出たというだけで賞揚されることは、実際にもあったようだ。

実効性が低かった討捨て令

武士たちにとっては、功名の代名詞ともいえるのが「首取り」であったが、上に立つ者からすれば、必ずしも歓迎すべきことだったとは思われない。たいていの場合、**首など取ろうが取るまいが、勝敗の行方に関係があるわけではない**。それどころか兵士たちが首を取ることに熱中していると、**肝心の戦闘がおろそかになる**し、取った首は本陣へ持ち帰って実検《じつけん》に供するのが普通であるから、その分、**前線が手薄になってしまう**。

伊達政宗《だてまさむね》が成功したのは、伊達成実《しげざね》と片倉景綱《かたくらかげつな》の二人が首を取ろうなどということを考えず、ひたすら敵を挫《くじ》くことに努めたお陰だったと山田三川《さんせん》の『想古録《そうころく》』にある。少し大げさに過ぎると思うが、そのくらい、**首取りというのは、戦闘の遂行には邪魔な行為だった**という一半《いっぱん》の真実は伝えている。

そういうことがあるので、大事な合戦になると、あらかじめ**「討捨て」といって、首を取るなということが命じられることがあった**。史料的には、南北朝時代の建武《けんむ》五年（一三三八）二月に出されたのが最初である。学問的には、「分捕切棄法《ぶんどりきりすてほう》」などと呼ばれるが、それは普遍的なものでも恒久的なものでもなく、個々の合戦ごとに適用されるものであったらしい。

戦国時代にも、そういう事例がいくつかあるが、首取りに対する武士たちの熱中ぶりを見ていると、それが本当に機能したかどうかは、きわめて疑問だと思っている。比較的多くの材料の残っている長久手《ながくて》の戦い（一五八四）の例で、それを示したい。これは尾張《おわり》（愛知県）の戦線で羽柴秀吉と対陣していた徳川家康が、秀吉方の別働隊を追尾して破ったものである。

家康の家臣水野正重《みずのまさしげ》の遺談によると、今回の戦いは味方無勢であるので、討ち取った首を本陣へ持ってきたりしていると、その間に利を失うかもしれないから、すべて討捨てとせよと、家康から指示があった。その代わり、証拠として耳鼻を持参せよともいわれた（「水野左近《みずのさこん》働覚《はたらきおぼえ》」）。前線が手薄にならないようにとられた措置であったことは明らかである。

そういわれても、あえて首を取った者はいた。大久保忠佐ら数人が首を提げてやってきたところ、狸《たぬき》の皮の頭巾をかぶり、繻子《しゆす》の羽織を着た茶屋四郎次郎《ちややしろうじろう》が家康の傍らにいて、「手柄を成され候、切捨ての由尤《よしもつとも》に候」と申し渡したという（「山中氏《やまなかし》覚書」）。これだけを見れば、かなり厳格に適用されたように見えるが、そうではなかったらしい。

井伊家の本多八蔵《はちぞう》という者は、重傷を負った敵の部将の首を取ったが、討捨てといわれていたので、鼻を削《そ》ぎ小刀を添えて持ち帰った。ところが、その小刀は羽柴方の勇将森長可《もりながよし》のものだという者がいたので、慌てて探しに戻り、それらしい首を見つけて、鼻、小刀とともに提出したという（『武家事紀』）。そのとおりなら、名のある者は別扱いだったことになる。

この話には続きがあって、提出した首は長可のものではないと笑われたとか、首は捨てたのではなく、敵に奪い返されたのだと噂されたとかいう。結局、そういうことを恥じた本多は、その後、あえて危険なことをして戦死してしまったということである（「大三川志《だいみかわし》」など）。それが事実なら、なんのための討捨て令だったのかわからないが、それだけ**首を取るのは当然だという観念が浸透していた**ということである。

討捨ての命令は、島原の乱のときにも出された。寛永十四年（一六三七）十一月、原城を囲んだ幕府軍の大将板倉重昌《いたくらしげまさ》、副将石谷貞清《いしがやさだきよ》の出した軍令によると、一揆のうちに物具《もののぐ》を帯び、侍と風体が変わらない者がいても、「其の品を撰《えら》ばず」とにかく討ち捨てにせよとある（「高田文書」）。この場合の討捨て令は、取るに足らぬ農民どもの一揆だから、首など取る必要はないという考えによるものだろうが、それだけに念を入れる必要があったのだろうか。

この討捨て令は、かなり忠実に実行されたと見られ、翌年の原城落城の際にも、せっかく取った首をあえて捨てたという事例がいくつか見られる。たとえば、榊原《さかきばら》家に陣借《じんが》りしていた浪人と鍋島《なべしま》家の侍が、「御軍法」に従って、ともに取った首を捨てたことが戦後の書状に記されている（「有馬雑記余事《ありまざつきよじ》」）。また、秋月《あきづき》藩黒田家の侍たちが、大将分らしい者を討ち取りながら、いずれも捨てたという記録もある（「続御家譜」）。

その一方で、首取りもかなり行われていたことを示す記録もある。しかも、最終的には、落城後になってから一揆の首を一箇所に集めて獄門《ごくもん》にかけることになったため、いったん討ち捨てにした首を集めるようなことにもなった。これでは、なんのための討捨て令だったのかという気もする。

POINT

- 戦いの行方に関係のない首取りが行われることも多かった。
- 味方の首や戦闘と関係のない者、病人・死者の首はもとより、「作り首」「奪い首」「拾い首」といった取り方の悪い首は原則として功名にはならなかった。
- 首取りを禁ずる討捨て令には例外もあり、意味をなさない場合もあった。

六　鉄砲による功名——飛び道具による手柄をどう扱ったか

証人を立てて功名を認定した例

戦国の武士たちが恩賞の期待抜きでは働きたがらなかったことは、鉄砲兵といえども例外ではなかった。それはわかるとして、鉄砲の功名をどうやって認定したのだろうか。鉄砲兵は、敵を倒したと思っても、走っていって首を取ってくるのは、容易なことではない。かといって、後になって、あれは自分の撃った弾だと証明するのは、なおさら難しい。同じ飛び道具でも、弓の場合には、矢柄《やがら》に自分の名前を記しておくという方法が昔からあるが、鉄砲にその手は効かない。まさにないない尽くしではないか。

それでも鉄砲の功名に対して、感状を発給したり、恩賞を与えたりした例は、いくらもある。その前提として、戦功の確認が行われたはずだが、実は、それを示す史料もある。

永禄《えいろく》十二年（一五六九）、毛利の軍勢が大友家と筑前《ちくぜん》（福岡県）立花《たちばな》城で戦ったとき、毛利の部将吉川元春《きつかわもとはる》は、自分の部隊が弓鉄砲で倒した人数九一人とそれを実行した者のリストを提出し、実父の毛利元就《もとなり》と甥の輝元《てるもと》の証判を受けている（「吉川家文書」）。弓鉄砲というが、弓で倒したと明記されているのは一人だけであるから、ほとんどが鉄砲で撃ったものである。そのうち士分の者が鉄砲で撃った人数が三一、中間衆《ちゆうげんしゆう》と呼ばれる下級の兵士が撃った人数が五九ある。

誰が、いつ、どこで、何人撃ったかは、士分にも中間衆にも共通して記されているが、士分については、必ず証人の名が記されている。証人の身分によって、誰それが「見之」「御覧之」「被見之」というように書き分けているが、とにかく誰かが見届けて戦功を確認しているのである。これに対して、中間衆については証人を挙げているケースもあるが、そうした記載はないほうが多い。

これは、なにを意味するのだろうか。鉄砲で敵を撃ち倒した者が、その首を取るか、それに代わる〈証拠物〉を持ってきたのに対して、それは誰の撃った弾によるものに相違ないと保証したということなのだろうか。それとも、首は取れなかったが、誰の弾が敵に当たったのかをちゃんと見届けていたということなのだろうか。また、いずれであるにしても、士分と中間衆で念の入れ方が違うのはなぜなのだろうか。

さしあたり、適切な答えは出せないでいるが、いずれにしても、**誰がどの敵を撃ったのか、とにかく確認はしていた**わけである。また、そういう確認が必要だったのは、主として行賞のためだったということも想像できる。

そこまではわかったとして、次なる疑問が出てくる。たとえ、どういう必要があろうと、そんなことができたのは、それを逐一確認できるような状況で鉄砲が使われていたからなのだろう。つまり鉄砲が個別的に使用されていたから可能だったのであって、何十挺《ちょう》、何百挺とまとめて集団的に運用するようになったら、いくらなんでも逐一弾の行き先を見届けているような悠長《ゆうちょう》な真似はできないだろう。そうなれば、そうした集団に加わった人間が個人々々の功名を主張することなどできなくなったのではないだろうか。

吉川元春の弟、小早川隆景《こばやかわたかかげ》が某年出した書状に、鉄砲衆が敵を討ち取った場合、仲間の責任で報告すれば、槍や刀での戦功と同様に褒美をやるとあるから、そうしたこともあったのだろう（「大阪城天守閣所蔵文書」）。

証明が難しい集団使用での功名

実際には、鉄砲の集団的使用が行われても、鉄砲による功名に恩賞が与えられている例がある。たとえば、天正十二年（一五八四）四月、長久手の戦いで、羽柴勢の勇将森長可を撃ち倒したとされる井伊家の鉄砲足軽の事例がある。

長可は乱戦の中で撃たれたものであるから、誰が撃ったのかは、実際には明らかでなかった。しかし、この鉄砲足軽は、長可が停止したときに発砲し、彼が倒れたのを見ると直ちに柏原与兵衛と自分の名を名乗った。長可は、前項で見たようにその場で首を取られたわけではないが、彼が倒れたところは大勢の人間が見ている。結局、柏原の功名ということになって、彼は二〇〇石取りの士分に取り立てられた。尾張藩の甲州流軍学者神谷存心《かみやぞんしん》は、柏原の振る舞いを賢いやり方だったと評している（「小牧陣始末記」）。

同じ戦いで、羽柴方の堀秀政《ほりひでまさ》は、追尾してくる徳川勢を食い止めるに当たって、騎馬武者を一騎撃ち倒したら一〇〇石やると鉄砲足軽を励ましたという（『甫庵太閤記』）。一説には、歩武者《かちむしゃ》で一〇〇石、騎馬武者なら一〇〇〇石やるといったとある（「森家伝記」）。誰が誰を撃ったか、確認できる見通しがなければいえることではない。こうして功名心をあおったのが効いたのか、堀隊は徳川勢の撃退に成功したが、行賞が実現したかどうかは明らかでない。

鉄砲兵の功名心をどうやって満足させるかについては、どの家も苦労したに違いない。慶長五年（一六〇〇）九月、上杉景勝が示した軍法のことは、第四章六項でも取り上げたが、弓鉄砲の者が首を取ること自体は禁じている。だが、それに続けて「人を討候者《うちそうろうもの》、証跡次第品々を以て褒美せしむべき事」とある（「上杉家文書」）。証明ができれば褒美の品をやるというのだが、首を取らずに証明しろといわれても難しい。井伊家の足軽のようなやり方がいつも通用するとは限らない。

その上杉家でも、大坂冬の陣（一六一四）のときに出した軍法では、かなり〈風向き〉が変わってきた（「上杉家大坂御陣之留」）。そこでは、鉄砲兵は眼前で敵を撃っても首を取ってはならない、逃げる敵を追う場合でも討ち捨てとせよ、鉄砲を捨てた者はどんな手柄があっても成敗《せいばい》する……といったことばかりが並んでいる。褒美のことなどには、まったく触れられていないが、おそらく出さないということだろう。上杉家だけが、鉄砲兵の功名ということについて厳しくなったのか、他の家も同様だったのか。それはわからない。

POINT

- 鉄砲が個別的に使用された場合は、証人を立てて功名を証明していた例がある。
- 鉄砲が集団的に使用されるようになると、功名の証明は難しくなった。

第七章

武器と人的損害の問題を、どうとらえるか

一　軍記・史譚集と戦闘報告書の違い――情報落差は大きい

戦闘報告書から死傷原因を拾い出す

合戦があれば、たいてい死傷者が出る。死傷者数を正確につかまえるのは至難のわざだが、そのことは次項で取り上げたい。それと併せて、死傷者の内訳はどうなっているか、言い換えれば、**どういう武器で殺傷されたのか**という問題がある。これは戦国合戦の実態を解明するうえで、大変重大なことだと思うが、いまだ十分にはわかっていない。

それでも、ある程度までは見当がついているのだが、これが容易に理解してもらえない。つまり、これはわからない問題であるとともに、わかってもらえない問題である。

戦国時代の合戦については、昔の軍記や史譚《したん》集あるいは稗史《はいし》（歴史小説）によって語られることが多い。今日の歴史小説、時代小説なども、だいたいそういうものに基づいて書かれているし、ドラマや映画は、そういった小説などをベースにつくられているのが普通である。そのため、一般人のイメージする戦国合戦は、どうしても、それらに依拠《いきょ》したものになってしまう。学者・研究者でも、軍記や稗史の影響を受けていることが少なくない。

これらの軍記などには、死傷者について触れた記述がいくらもある。ただ、それは死傷者の総数であるか、さもなければ、誰が敵を討ち取った、誰がこうして負傷したというような断片的な話がほとんどである。死傷者のうち何人が鉄砲に当たったものであるとか、槍で負傷した者が何人いたとかいった類《たぐい》の情報は、まず含まれていない。軍記や稗史よりも質の良い史料、たとえば関係者の書状や覚書《おぼえがき》などを見ても、その点は余り変わらない。

結局、合戦の犠牲者がどういう武器によって死傷させられたかということを具体的につかんで統計的に処理しようとなると、**合戦に参加した者あるいは関わった者が作成した上申書、報告書の類に拠るほかはない**。

この種の史料については、六章三項で触れたが、鎌倉末期から南北朝期にわたっては「**軍忠状**《ぐんちゅうじょう》」というものが盛行した。これは武士たちが、戦功を認めてもらうため、自身や部下の働き、損害の状況などを主人や指揮官に上申して証判を求めたものである。

軍忠状は次第に流行《はや》らなくなり、戦国時代になると主君や指揮者の側から報告を求める形式のものが普及した。名称も区々《まちまち》であるが、合戦注文、太刀打注文、手負注文など**「注文」**という用語を使ったものが多い。これはリストといったほどの意味である。ここでは軍忠状や○○注文の類をまとめて、とりあえず「戦闘報告書」と呼んでおきたい。

これら戦闘報告書では、死傷者は具体の名を挙げて列記してあるのが普通である。そのうち戦死者については、戦死の地点や状況には触れても、死因まで記している例は余りないが、負傷者については、どういう種類の疵であるか、負傷の部位はどこかということまで示している例がきわめて多い。「矢疵　左之足」「鉄炮　腰」といった具合である。

そうであれば、これを活用しない手はないだろう。それで私は、できるだけ多くの戦闘報告書を集めて死因や負傷原因の明らかな者を拾い出すという作業を行った。その成果は、これまでにも『「戦闘報告書」が語る日本中世の戦場』などでお示ししてきたが、三項以下でまた改めて説明させていただく。

もちろん、戦闘報告書にも問題はある。軍忠状にしろ、注文にしろ、提出者がつくるのだから、自分たちに都合よく書かれているであろうことは、容易に想像がつく。また、自損事故などを戦傷のように装った例もある。疑えば、いくらでも疑えるが、提出先でチェックを受けることは確実なのだから、そうそうデタラメなことを書けるものではない。実際にも、負傷の有無や程度について、厳密なチェックが行われたことを示す事例もあることは、すでに触れた。

別の問題として、軍忠状は全国的に行われたのに対して、注文の類は、必ずしもそうではないということがある。その点も六章三項で触れたとおりだが、その種の史料が多く残っている地域の状況が、残っていない地域にも当てはまるかどうかはわからない。ただ、豊臣秀吉の天下一統後の合戦に関わる数値などは、地域に関係なく通用するであろう。

戦闘報告書以外には、感状《かんじょう》の類も調べてみた。これは表彰状のようなものだが、それらの中には、負傷原因などを記したものがかなりある。後述するように、接戦による負傷のほうが遠戦によるものよりも賞揚されやすいという偏りはあるが、ある程度の数がまとまれば参考にはなる。

戦いの実態からかけ離れている軍記類

死傷者と武器の関係については、戦闘報告書の分析によって、かなりのところまで見当がついたといったが、そういう見方はなかなか世間に浸透しない。もっとも大きな理由は、私のような在野の研究者のいうことなど、そもそも気にとめてもらえないことにあるのだろうが、たまたま、お気づきになられた人たちの間では、かなり〈承認〉されている。

もっとも、お知りになっても、反発された人も少しはいる。そういう人は、たいてい軍記や稗史にあるような合戦譚《たん》を真実だと信じている人である。戦闘報告書にもいろいろ問題のあることは、先に述べたとおりだが、**講談に毛が生えたような軍記物やその講談の原型のような稗史にくらべたら、はるかに真実に近いこ**とはいうまでもあるまい。そこで戦闘報告書に残されている合戦のいくつかについて、軍記や稗史との隔たり具合を見ておきたいと思う。

出雲白鹿城《いずもしらが》は、今日の島根県松江市内にあった尼子《あまご》家の属城だが、毛利元就《もうりもとなり》は永禄《えいろく》六年（一五六三）八月十三日からこれを囲み、九月二十九日に開城させた。

元就の次男の吉川元春《きっかわもとはる》も一隊を率いて従軍していたが、十一月十三日付けで、自隊の功名と損害を上申し、元就の証判を得ている（「吉川家文書」）。

それによると元春の部隊は、首六つを取ったが、戦死者五人、負傷者四四人を出した。戦死者の内訳は、士分二人、名字もない雑卒《ざつそつ》（中間《ちゆうげん》）三人である。負傷者のほうは、士分二八人、雑卒一六人となっている。

戦死者の死因は記されていないが、負傷者の負傷理由と部位は逐一記されている。負傷理由の内訳は、鉄砲疵三三人、矢疵六人、礫《つぶて》疵四人、残る一人が礫疵と切疵を併せて受けている。部位的には、鉄砲の場合、足一〇、手八、股四、腰四、首三、肩三、胸一となる。矢や礫の場合も、首、手足、腰、肩、股など似たような分布である。礫疵と切疵を併せて受けた者は、首に礫をぶつけられ、左手に切りつけられている。

負傷者の四分の三が鉄砲疵、残る者も弓矢や投石といった〈飛び道具〉による負傷であり、接戦して負傷したと見られる者は、わずか一人しかいない。どういう状況で負傷したかまでは記されていないが、これを見る限り、互いに距離をとっての遠戦主体の戦いだったということになる。

もっとも、戦死の状況は記されていないし、首を取ったときの状況も、必ずしも明らかではないので、接戦などろくになかったとまでは断定できない。城兵が出撃してきたのを追い込んで塀際で取ったという首もあるから、そういう場合には、多少の接戦が演じられたかもしれない。だが、全般的にそうそう華々《はなばな》しい場面があったとは、とうてい考えられない。

これを軍記類などは、どう叙述しているだろうか。毛利方の代表的軍記である『陰徳太平記《いんとくたいへいき》』は、城兵が切って出て激戦が演じられたとか、穴仕寄《あなしより》(坑道)の中で白兵戦闘が行われたとかいうことを大きく扱っている。敵の〈飛び道具〉については、九月二十三日、救援に出てきた尼子勢が弓鉄砲で挑戦して毛利勢をおびき出そうとしたが、それには乗らず、やむなく相手方が引き上げにかかったところを押しかかって追い崩したとあるくらいである。

一方、尼子側では、「雲州軍話《うんしゆうぐんわ》」に城の上から弓鉄砲を雨のように放ったとあるが、合戦譚の大部分は、坑道戦のことに費やされている。『雲陽軍実記』では、水の供給源を止められそうになった城兵が、水に窮していることを知られまいと、白米を水のように装って馬を洗う真似をして見せた話などとともに、九月二十三日の戦いが大きく取り上げられている。尼子方から弓鉄砲をもって挑戦したが、毛利方が乗らないので引き揚げようとしたところ、相手方が弓鉄砲を激しく放って追ってきたので、「鎗の柄も折るるばかりに」防ぎ戦ったとある。

この『雲陽軍実記』は、戦傷のため引退した尼子の遺臣河本隆政《こうもとたかまさ》が天正《てんしょう》八年（一五八〇）に著したというもので、つい信用したくなるが、実は、これが大ウソだらけなのである。水が不足しているのを知られまいと白米で馬を洗う真似をしたなどというのは、全国各地にある〝白米城伝説〟というもので、つくりごとに決まっているが、もっとひどいのは九月二十三日の戦闘の件である。

毛利家が古老たちの覚書、聞書きや古文書を元に編んだ「老翁物語《ろうおう》」という史料によると、尼子勢一万ばかりが救援に出てきて、二度ばかり押し寄せる気配を見せた。毛利方では、まず足軽ばかりを一里ほど前方に出し、敵が矢の届く距離に迫ったら、城の押さえを残して全軍を押し出すつもりでいた。ところが相手は、なんということもなく引き上げてしまったというのだ。これでは槍の柄が折れるほど働くもなにもないではないか。

吉川家の旧記故伝を集めて編んだという『陰徳太平記』のほうは、それほどひどくはないが、このとき敵を追って接戦を演じたようにいっているのはどんなものだろうか。そもそも吉川元春の上申書は、九月二十三日に戦闘があったなどとは、まったくいっていないのである。軍記などというのは、かなり信頼度の高そうなものでも、この程度なのである。戦闘報告書とどちらがリアリティーがあるか、あえていうまでもあるまい。

創作記事も多い軍記類

軍記や稗史の〈信奉者〉は多いので、もう一つ事例を挙げておきたい。それは慶長《けいちょう》五年（一六〇〇）八月、関ケ原《せきがはら》の前哨戦の一つである伊勢安濃津《いせあのつ》（三重県津市）の城攻めに加わった吉川広家《ひろいえ》が八月二十六日付けで提出した報告である（「吉川家文書」）。広家は元春の息子で、関ケ原の本戦では、事実上、西軍を裏切った人物だが、このときは西軍の一員として、大いに働いたのである。

この文書は、昔から知られていて陸軍参謀本部の『日本戦史—関原役』にも取り上げられている。八月二十四日の戦闘で広家本人の部隊と彼の指揮下にあった部隊から出た戦死者七五人、負傷者二二七人が載せられていて、戦死の理由は記されていないが、負傷者については、一二二五人まで理由が明らかである。鉄砲疵一二五、槍疵六〇、矢疵二四、刀疵一、槍疵＋矢疵八、槍疵＋鉄砲疵六、槍疵＋鉄砲疵＋矢疵一というのが、一二二五人の内訳であるが、同一人が異なる疵を受けたケースがあるので、それらを延べ数にして計算すると、鉄砲疵五四・八パーセント、槍疵三一・一パーセント、矢疵一三・七パーセント、刀疵〇・四パーセントという比率になる。三分の二強が〈飛び道具〉による負傷ということである。

なお、この文書では、戦死者の死因は示されていないといったが、死因のわかる他の合戦の事例では、戦死者もやはり鉄砲で撃たれた者の比率がきわめて高い。また、鉄砲でやられたりして動けなくなった者が首を取られるケースの多かったことは、当時の人の遺談などによって明らかである。吉川隊の戦死者についても、同じようなことが想像できる。

この戦いのことは、軍記類にも載っているし、史譚集のようなものにも、よく取り上げられているが、ここでは『改正三河後風土記《かいせいみかわごふどき》』の記述を見てみよう。なぜこれかというと、幕府の奥儒者成島司直《おくじゅしゃなるしまもとなお》が十一代将軍家斉《いえなり》の命を受けて編んだ徳川さま公認の軍記だからである。そういうものであるから、先行する史書、軍記の類もかなりよく参照されている。

それによると、城兵が城外に出て鉄砲を撃って防ぎ、さらに足だまりにされそうな寺を焼き払おうとしたところ、その火が町屋に燃え移り、それに乗じて敵が迫ってきたという。その際、自分の城を捨てて城方の応援に入っていた分部光嘉《わけべみつよし》が得意の管槍《くだやり》をふるって奮闘したとか、毛利秀元の旗奉行《はたぶぎょう》某が城兵に切りつけたが切れず、鉄砲で撃ち落とされたとかある。

そこまでは、まああったかもしれない話だが、それに続けて、寄手《よせて》が山の上から火矢《ひや》、大筒《おおづつ》を撃ちかけ、それと城下の焼ける煙で城兵が防ぎかねて、三の丸を捨て二の丸へ引き取ったとある。これももっともらしく聞こえるが、いたって怪しい話である。城の外郭にもっとも近い山でも、直線距離で一キロメートルくらいは離れている。これでは当時の大筒では着弾しないだろうし、まして火矢などが届くはずはない。

そこから先は、城主富田信高《とみたのぶたか》の妻が甲冑《かっちゅう》を着けて戦闘に加わり、〈夫婦共働き〉で防戦したという話になる。この話は広く知られていて、安濃津城の戦いといえば定番的に出てくるものである。『常山紀談《じようざんきだん》』「志士清談《しせいだん》」といった史譚集にも載っているが、「石田軍記」が創作したウソであることが明らかである。

そのほかでは、寄手の中に本丸に潜入して討たれた者がいたとか、辛うじて逃げ帰った者がいたとか、どちらの側かは不明だが「太刀打ち」の功名があった者がいたとか、もっぱら個人的な働きばかりが並んでいる。合戦というものを、チャンバラの集積のように叙述するのは、この本に限らず、軍記類に共通する傾向であるから、驚くには当たらない。

それにしても、そこにいう「太刀打ち」が、文字どおり刀をふるっての接戦をいっているのだとしたら、ずいぶん希少性の高い話である。なにしろ、吉川勢の負傷者二二七人のうちに、刀疵を受けた者など、たった一人しかいないのである。戦死者の中には切られて死んだ者もいたかもしれないという人もいそうだが、それも無理だろう。毛利秀元の旗奉行が城兵を二刀切ったが切れなかったという話が図らずも示しているように、刀で甲冑を切ることなど、ほとんど不可能に近いのである。

一般に軍記類の特色としては、①戦争（ｗａｒ）と戦闘（ｂａｔｔｌｅ）の区別がついていないこと、②その戦闘というものもチャンバラの集積のように考えられていること、③それに対して鉄砲や弓などの飛び道具の威力が軽視されていることなどが挙げられる。そのうち①はともかくとして、②と③において、戦闘報告書との違いがはっきりしていることは、たった今、白鹿城や安濃津城の例でお示ししたとおりである。

お断りしておくが、私は、戦闘報告書に依拠すれば、戦国合戦の実態がすべて解明できるなどといった楽観的なことを考えているわけではない。ただ、軍記や稗史に頼っていては、合戦のリアルな姿など絶対にわからないということだけは間違いなくいえるだろう。

POINT

・軍記類に記された合戦の状況は創作も多く、実態とは大きくかけ離れているものも少なくない。
・参戦した本人がまとめ、提出先でチェックを受ける軍忠状や注文などの戦闘報告書は、鵜呑《うの》みにはできないものの、かなり合戦の実態を伝えている。

二　合戦の死傷者―把握を難しくしているもろもろの事情

死傷者数の正確な把握は、まず絶望的

ある合戦に参加した人数を把握するのがきわめて難しいことは、第一章二項で取り上げた。それと同じように……といいたいが、それ以上に難しいのが死傷者数の把握である。

これこれの合戦で、これだけの戦死者が出たといった類のことは、軍記類はもちろん、日記や書状など同時代の史料にも出てくるし、関係者の覚書などに載っていることも多い。だが、ほとんど信用できないといったほうがよい。

軍記や史譚集に出てくる数値が怪しいことは、改めていうまでもあるまい。もともと、興味本位に話をふくらませたりするのは、お手のものだから、いくらでも〈水増し〉はあると思わなければならない。また、真面目にやっているようでも、合戦当事者のどちらかに〈肩入れ〉したりすれば、そちらに都合のよい数値を並べることになる。

当事者や関係者の書状や日記、覚書などが信用できないのも、同じ道理であって、**自分たちの側に都合のよいことを書くのは当たり前である。**ことに**書状などは、対外宣伝を考えたものが多い**から、特にそうした傾向がある。たいていは、自分たちの戦果を誇大にいい、損害を小さくいうのが普通だが、例外もある。島原の乱のとき、損害を〈水増し〉して幕府に報告した家があったという。もちろん忠誠度を高く売り込むためである。

日記や覚書には、第三者が書いたものもある。そういうものは信用してよいかというと、それもまた危ない。その種の記述は、概ね伝聞《でんぶん》によるものだから、ニュースソースがよほどしっかりしていない限り、うかつには使えないのである。

戦闘報告書が残っているような場合には、味方による誤殺や自損事故の犠牲者などを含めている可能性はあるにしても、まあ信用してよいだろう。だが、参戦した全部隊の分が揃わなければ意味がない。前項で取り上げた出雲白鹿城や伊勢安濃津城の事例にしても、吉川隊以外の報告は残されていないから、全体数をつかむことはできないのである。

例外的に、戦死者の数がかなりの程度まで正確につかめそうな場合もある。慶長二十年（一六一五）五月七日の大坂落城のとき、東軍の諸大名や徳川家の旗本《はたもと》たちは、競って城兵の首を取って本陣に持ち込んだ。それが「首帳」「首級目録」といった形で記録に残っている（『新東鑑《しんあずまかがみ》』など）。ただし、記録によって最低一万三一五〇から最高一万四五五七までバラツキがあるから、どれが正確な数値なのかまではつかまえようがない。

それでも、城方ではおおよそどの程度の戦死者を出したのかの見当はつくが、そうした首数の中には戦闘とは無関係な百姓・町人などの首がかなり混じっていたはずである。逆に、戦死しても首を取られなかった者もいるだろうから、仮に総数が正確につかめたとしても、それが城方の戦死者のすべてであったとすることはできない。

島原の乱で一揆の拠った肥前《ひぜん》（長崎県）原城は、寛永《かんえい》十五年（一六三八）二月二十八日落城した。幕府軍の士卒には、首を取らず討ち捨てにせよという軍令が出ていたが、事実上撤回されたことは、前章五項で触れたとおりである。首級九九六八、証拠として取った耳や鼻が六〇一人分あったことは、諸記録一致しているから、一揆勢合わせて一万五六九人が戦死したことになる（田代政門『黒田三藩・島原の陣』）。

しかし、城中で戦闘に耐えられる者は、五〇〇〇程度だったという観測もあるから、この中には多数の非戦闘員が含まれている可能性が高い。さらに、戦闘能力のない女性や子供も、ほとんど殺されているから、犠牲者の総数は、これよりはるかに多かった。

一方、幕府軍側の損害については、各家からの報告があるので、それらを集計すると、最後の二日間の攻撃で戦死者一一四一人、負傷者五七一一人を出したことになるが、主将松平信綱《のぶつな》の息子輝綱《てるつな》は、戦死一一二七人、負傷者七〇〇八人と記しているから、負傷者数などはかなり違う（「嶋原天草日記」）。

それぞれの家の数値にしても、〈水増し〉報告をした家もあったらしいというような問題があるし、「陣借《じんが》り」という形で自主参加した者の死傷は算入されていないだろうから、たしかな数値とはいえない。それでも、全軍の死傷者数がこの程度までで も把握できるのは、珍しいことといえるかもしれない。

川中島の戦いの死傷者のデタラメ

原城の幕府軍のような例外的な場合は別として、総軍の死傷者の把握は難しい。たいていの合戦については、諦めたほうがよいというのが私の考えである。ところが、世間では、このわからないはずのことが、けっこうわかっているように通用していることが多い。その典型的な事例として、永禄四年（一五六一）九月十日の信州（長野県）川中島の合戦を見てみよう。

この合戦は超有名なもので、上杉謙信が振りおろす太刀を武田信玄が軍配団扇《ぐんばいうちわ》で受けとめるシーンなどは、歴史ファンでなくても知らない人はいないだろう。だが、一般に流布《るふ》しているそうした合戦像は、ほとんど実証できないような〈お話〉であって、実態はさっぱりわからない。まともな学者や物書きなら、相手にできるものではないのだが、相手にしてしまう人たちがいまだにけっこういる。その人たちにいわせれば、これは双方大変な損害を出した大激戦であった。

たとえば、ＮＨＫの歴史番組「その時歴史が動いた」（二〇〇二年十一月十三日放送）は、両軍総勢四万のうち二万七〇〇〇の死傷者が出たと説明していた。別の箇所では、六〇〇〇ともいえる犠牲が出たといっていたが、これは戦死者のことだろう。戦死者については、両軍合わせて八〇〇〇くらいはあったはずだと見ている人もいる。

実は、こうした数値は、後世になってできあがったものではなく、合戦当時から、信玄、謙信両者が主張していたところが元になっている。たとえば、信玄は、この年十月末に京都の清水寺成就院《きよみずでらじょうじゅいん》に送った書状(「温泉寺所蔵文書」)で「敵三千余人」を討ち取ったといっている。武田の史料『甲陽軍鑑《こうようぐんかん》』には、上杉勢「三千百十七」の首を取ったと記されている。

一方の謙信については、当時、関東にいた近衛前久《このえさきひさ》から彼に送った書状(「歴代古案」)があり、そこに武田勢「八千余」を討ち取ったとある。そう書いたのは前久だが、これは謙信(政虎)からの報告に答えたものであるから、謙信のほうからそう書き送ったに違いない。

上杉側の史料である「謙信家記」は、謙信が武田勢「二千八百五拾の首級」を実検したのに対し、信玄は上杉勢「三千百十七の首級」を実検したと書いている。なぜか上杉方の損害のほうが大きいし、その数は『甲陽軍鑑』と一致している。

そのほか両軍の損害について書かれたものは、いろいろとあるが、軍記類でもっとも大きな戦死者数を挙げているのは、「甲越信戦録」の武田方四六三〇人、上杉方三四七〇人であるようだ。両軍合わせて八〇〇〇というのは、その辺から出ているのかもしれない。

戦前、戦史研究家として知られた伊藤政之助《いとうまさのすけ》少将は、なにに拠ったのかわからないが、「上杉方死者三千四百、傷者六千、計九千四百、武田方死者四千五百、傷者一万三千、計一万七千五百」という数値を挙げていた（「戦国時代の陸戦史」）。やはり戦史研究家だった井上一次《いのうえかずつぐ》中将も、まったく同じ数値を使っている（『大日本戦史　第二巻』）。「その時歴史が動いた」の二万七〇〇〇は、こういうところから出ているのだろう。

両軍が川中島で使った兵力は、一般には武田軍二万、上杉軍一万三〇〇〇とされているが、正確なところはわからない。NHKのいう四万の根拠もわからないが、とりあえず、そうしておく。そこから二万七〇〇〇もの損害が出たとしたら、総員の三分の二以上が損耗《そんもう》したということになる。総員中の戦闘員はせいぜい半数くらいだったと思われるが、彼らのほうが非戦闘員よりも死傷しやすかったであろうとも考えられるから、これでは、戦闘員はほとんど尽きてしまったかもしれない。

こんな**大損害の出るような戦闘というのは、当時においては考えられない**ものである。**戦国大名というのは、犠牲を惜しまず決戦できるような環境にはなかった。**そのことは、他の著書で再三述べたのでくり返さないが、そうした点からしても、死傷二万七〇〇〇などという数字は信用できるものではない。ただ、なにかのはずみで、予期しない大激戦になってしまうというのも、ありえないことではないから、これだけでは結論にならない。

確実にいえるのは、**それが事実であったならば、両軍とも軍隊としての体《てい》をなさない状態になってしまっただろうということである。**補充しようといっても、近代の国民国家のように「赤紙（召集令状）」一枚で兵士をかき集めるような真似《まね》はできない。当時の人口事情から考えても、それは無理な相談である。仮に、なんとか〈員数合《いんずうあ》わせ〉だけはできたとしても、未経験、未訓練の兵士ばかりでは、どうにもならない。

要するに、両軍とも、それ以後何年かは軍事行動など起こせなくなったことは間違いないはずだが、実際には起こしている。信玄は、合戦の二か月後には早くも上野《こうずけ》（群馬県）方面に軍を進めているし、謙信は謙信で関東方面に出兵している。翌永禄五年になると、信玄は、相模《さがみ》（神奈川県）の北条氏康と結んで上杉方の武蔵《むさし》（埼玉県）の松山《まつやま》城を攻撃している。謙信も、それに対抗すべく八〇〇〇の軍勢を率いて出動している。川中島で両軍合わせて二万七〇〇〇もの損害を出したのなら、そんなことができたはずがないではないか。

大坂本願寺の戦いと信長のウソ

川中島の事例を見れば、この時代の死傷者数についての情報がいかに危ないものであるかがよくわかるはずだが、まだ納得できない方もおられるかもしれない。そこで、天正四年（一五七六）五月七日の織田信長と大坂本願寺の戦いを例にして、さらにご説明しておきたい。

信長は、元亀《げんき》元年（一五七〇）から大坂に拠る浄土真宗本願寺と戦い、天正四年（一五七六）頃から本格的な攻囲態勢に入っているが、本願寺の補給路を陸上から遮断してやろうと考えた。この方面を担当していた原田直政《はらだなおまさ》に命じて、この作戦を実行させたが、本願寺側に察知されて迎撃され、原田が討死《うちじに》するなど散々の始末となった。これが五月三日のことで、本願寺勢は勢いに乗じて、信長が設けていた天王寺《てんのうじ》の付け城（対塁）を包囲した。

信長は、京都で敗報に接したが、五日に自ら出馬し、七日に本願寺勢と戦って、これを打ち破ったというのが信長側の主張である。『信長公記《しんちょうこうき》』によると、一万五〇〇〇ばかりの本願寺勢を三〇〇〇の人数で切り崩して、二七〇〇余を討ち取ったという。学者・研究者もこの記述を信用して素直に取り次いでいるが、必ずしも実証された事実とはいえない。ことに討ち取ったという人数については、信長本人があれこれ別の数字を挙げているくらいで確認の仕様がない。

逐次《ちくじ》見てゆくと、公家衆《くげしゅう》の吉田兼見《よしだかねみ》の日記（『兼見卿記』）の五月七日の条には、「申刻《さるのこく》注進、今日午刻《うまのこく》、天王寺表へ御出勢之所、大坂衆即時敗北、二千余討取云々、公私大慶安堵了」とある。信長が午刻（午前十一時～午後一時）に出陣して戦闘を始めたが、たちまち敵を打ち破って二〇〇〇余り討ち取ったという報告が申刻（午後三時～五時）に届いたというのである。

だが、**戦闘開始から勝報の到着まで最大幅で六時間しかない**。一方が二〇〇〇もの戦死者を出すような戦いが、そんなに簡単に片付くはずはないし、本当に、それだけ討ち取ったら、数を確認するだけでも大変な手間である。これに京都までの伝達に必要な時間が加わる。あらかじめ〈予定稿〉をつくっておいて流さない限り、絶対にありえない話である。

同じ日、親信長派の公家山科言継《やましなときつぐ》は日記（『言継卿記』）に、天王寺の前で合戦があって、本願寺方の首を一〇〇〇ばかり取って打ち破ったと記している。河内《かわち》（大阪府）から注進があったとあるだけでニュースソースは明らかでないし、それが届いた時刻も不明である。

言継は、翌五月八日の日記では、「南方右大将」、つまり信長のところから、たびたび注進があったとして、信長方が大坂の一揆一万ばかりも討ち捨てたとか、「大坂之左右之大将」である本願寺の坊官下間頼廉《ぼうかんしもつまらいれん》と紀州《きしゅう》（和歌山県）雑賀衆《さいかしゅう》の鈴木孫一《まごいち》（重秀）の二人を討ち取ったとか記している。少なくとも、頼廉も孫一もこのとき討死はしておらず、その後、ずっと生きている。

同じ八日には、信長自身が京都所司代《きょうとしょしだい》の村井貞勝《むらいさだかつ》に宛てて二通の書状を送っている。それらは中御門宣教《なかみかどのぶのり》の日記（「宣教卿記《のぶのりきょうき》」）に転載されて残っているが、同日に書かれたにしては、内容がいささか食い違っている。吉田兼見や山科言継の日記とも、まったく違う。

一通には、天王寺辺の水辺にいた敵勢を巳刻《みのこく》（午前九時〜十一時）に攻撃して、たちまち撃破し、三〇〇〇余討ち取ったとある。それに続けて雑賀孫一（鈴木孫一）や本願寺の幹部も討死したので、この分なら大坂の本城もその支城も間もなく落ちるだろうとある。孫一は討死していないし、大坂の開城には、その後四年余りを要している。

もう一通には、「新城」（天王寺の対塁）を囲んだ「大坂雑賀之族」が退かないので、七日の午の上刻（午前十一時〜十一時四十分）に攻撃して撃破し、首を二〇〇〇余取ったとある。どちらが先に書かれたかはわからないが、**戦闘が行われたという時刻も、討ち取ったという首の数も、大きく違っている**ことは見てのとおりである。あるいは、こちらが先に出されたので、その後確認されて首数が増えたのだろうという解釈もあるかもしれないが、時間の食い違いまでは説明できない。

要するに、**信長は、あちこち適当に偽情報を流していたのであって、当事者の書状や同時代の第三者の日記も当てにならない**という適例なのである。念の入ったことには、信長は、鈴木孫一の首と称するものまでつくって京都でさらしている。なかなかの評判だったようで、中御門宣教も後に関白となる二条昭実《にじょうあきざね》のお供をして見物に出かけている。

『信長公記』に「頸数《くびかず》二千七百余」と書いた太田牛一《おおたぎゅういち》には、それなりの根拠があったのだろうが、肝心の信長のいうことが、こういう具合では、簡単に肯定できるものではない。ちなみに、『信長公記』の改悪版として評価の低い小瀬甫庵《おぜほあん》の『信長記』は、信長の率いた人数を三〇〇〇ではなく三万としているが、何人討ち取ったかについては、まったく触れていない。

『總見記《そうけんき》（織田軍記）』も一種の改悪版だが、「首数千百余討ちとられ」とずいぶん遠慮している。「佐久間軍記」も「一千二百余級」の首を得たと控えめである。

俗書というのは、興味本位の舞文曲筆《ぶぶんきょくひつ》をし、作為や誇張が多いというので敬遠されるのだが、この場合には、俗書のほうが揃って慎《つつ》ましやかである。なにか意味があると考えるべきなのだろうか。

POINT

・軍記類はもとより日記、書状などに記された死傷者数も、さまざまな思惑が働いており信憑性《しんぴょうせい》に欠ける。
・戦国大名は犠牲を惜しまず決戦できる環境にはおらず、大損害の出る戦闘を行ったのであれば、すぐに次の軍事行動を起こせるような軍の状態を保つことはできなかったはずである。

三　人的損害の内訳──戦場での死傷者以外にもいろいろある

鉄砲の普及と功名争いが戦死者の比率を上げた

戦争での人的損害には、戦闘によるものとそうでないものがある。戦闘での損害は、戦死者と負傷者に大別されるが、一般に戦死者より負傷者のほうが多かったであろうことは、容易に見当がつく。だが、その割合はどのくらいだったかといわれても簡単にはわからない。

それを考えるには、やはり軍忠状や各種の注文といった戦闘報告書の類に拠るほかなさそうである。これまで私は、その種の史料を使って戦国合戦の実態を解明しようと努めてきたが、その主眼は、どういう武器が効果的であったのか、主武器はなんであったのかを探ることであった。そういう次第であるから、これまでの材料や統計結果などを、そっくりそのまま使うことはできない。それで改めてチェックし直してみた。

時代の古い順にいうと、鎌倉末期から南北朝期にわたってつくられた軍忠状を一八三点見たが、それらに記載されている戦死者の実数は五四人、負傷者の実数は、原因不明の者まで含めて六〇六人である。戦死者に対して、負傷者が一一・二倍いたという勘定になる。

戦国時代については、応仁文明《おうにんぶんめい》の乱から関ケ原の戦いまでの戦闘報告書を使ったが、それらから拾い出した戦死者は二九四人、負傷者は一五〇七人である。戦死者一に対して、負傷者は五・一とかなり戦死者の比率が高くなっている。

もう少し細かく見ると、一口に戦国時代といっても、始めのほうと終わりのほうでは、かなり状況が違うはずである。それで鉄砲が登場する前と以後、正確には、これらの報告書類に鉄砲疵というものが現れる前とそれ以後に分けて状況をチェックしてみた。具体には、永禄六年（一五六三）一月二十七日を境に、それより前とそれ以後ということになる。

鉄砲疵が登場する前は、戦死者は六〇人、負傷者は七四五人であるから、戦死者一に対し、負傷者は一二・四である。この数値は、鎌倉末—南北朝のそれよりもまだ低い。ところが、鉄砲以後の史料から拾った戦死者は二三四人、負傷者は七六二人であるから、戦死者一に対する負傷者は三・三となり、鉄砲が登場する前よりずいぶん高くなっているといえる。

ちなみに、一項で取り上げた伊勢安濃津城の吉川隊の死傷者は、ここにも入っているが、それだけを切り離してみると、ほぼ一対三である。**戦国も後期になると死傷者中に占める戦死者の割合が上がった**ことは間違いなさそうである。

そうなった原因は、いろいろ考えられるが、やはり**鉄砲の普及に伴って戦闘が苛烈《かれつ》になってきた**こと、それと並行するように**武士たちの功名争いが過熱化した**ことがあったと思われる。そのため、致命傷は負わなくとも負傷して動けなくなった者や戦意を失って逃げる者が首を取られることも多くなり、戦死者を増やすこととなったのであろう。その一方では、首稼《くびかせ》ぎのため無理をして反撃され、命を落とす者も増えたに違いない。

戦病死者・行方不明者・捕虜

戦いでの損害は、戦死者と負傷者に尽きるものではない。二十世紀初頭くらいまでは、どこの国でも銃砲弾で倒れた者より、疾病《しっぺい》で死んだ者のほうが多いといわれた。ヨーロッパでは、そういう状態が、少なくとも第二次ボーア戦争（一八九九～一九〇二）頃まで続いていたといわれ、それがはっきり逆転したのは、第一次世界大戦（一九一四～一八）からだという（J・キーガン【戦争の歴史】）。

具体的にいうと、アメリカ南北戦争（一八六一～六五）で、北軍は九万六〇〇〇ほどの戦死者を出したが、戦病死者は一八万三二七八人と倍近かった。これに先立つクリミア戦争（一八五三～五六）では、イギリス軍は四二八五人の戦死者ないし戦傷死者を出したが、戦病死者は一万六四二三人とはるかに多かった。

わが国でも、日清《にっしん》戦争（一八九四～九五）では戦死者・戦傷死者一四一七人に対して、戦病死者は一万一八九四人に及んでいる（山田一郎「日清戦争における医療・衛生」）。日露《にちろ》戦争（一九〇四～〇五）でも、戦死者よりも発疹チフスで死んだ将兵のほうが多かったといわれる（石弘之ほか『環境と文明の世界史』）。

戦国時代においても、一回の戦闘で終わってしまったような場合を除き、**戦いが長引けば、当然、多くの病死者が出たに違いない**。近代の例に照らせば、戦死者・戦傷死者よりもずっと多かったかもしれない。軍学でも、非難されるべき首取りの一つに病者の首が挙げられているが、陣中に病人がざらにいたと想定されていたからである。しかし、それ以上の病死者の実態はまったくわからない。

行方不明者と捕虜も損害の一種である。**行方不明者のかなりの部分は逃亡者だったと思われ**、どこの国の軍隊も、これには悩まされたようだ。たとえば、アメリカ南北戦争最大の激戦とされたゲティスバーグの戦い（一八六三）の両軍の人的損害については、いろいろ説があるが、一般には、北軍が二万三〇四九人、南軍が二万八〇六三人と見られている。

問題はその中身で、北軍は、その二三・三パーセントに当たる五三六五人、南軍は、一九・三パーセントに当たる五四二五人が行方不明者である。付け加えると、北軍の戦死者が三一五五人、南軍のそれが三九〇三人だから、それよりずっと多い人数の行方がわからなくなってしまったということである。その中には捕虜とされた者も含まれているが、相当部分が逃亡者であったろうことは、想像に難くない（M・M・ボートナー三世編【南北戦争辞典】）。

近代においても、そういう具合なのだから、わが国の戦国時代にも、当然、逃亡の事例は多かったはずだが、私の知る限り記録に残っているものは余りない。わずかに、小田原北条家の北条氏邦《うじくに》の出した年次不明の文書に、お前のところの足軽一〇人のうち八人が「欽落（駆け落ち）」してしまったのに、なにもしていないと部下を叱責《しっ》したものがある（「北条氏文書」）。

また、天正六年（一五七八）頃、大坂本願寺の坊官から紀州雑賀の誰かに宛てたと見られる文書（「真乗寺旧蔵文書」）に、本山防衛のために五〇〇人来ていたはずの人数が数えてみたら一〇四人しかいなかったという記載がある。本願寺と雑賀の人たちとの関係は、通常の戦国大名と家臣の関係とはかなり違うものだが、戦争に駆り出された者が勝手に消えてしまうことが多かったことは、これによっても想像がつく。

捕虜となる者もたしかにいた。進んで投降したり、敵軍にいる知己を頼って逃げ込む者もいたようだが、これは逃亡兵の分類に入るかもしれない。いずれにしても、そうした事例はいくらもわかっているが、その人数などを問われても、答えようがない。

POINT

・鉄砲を用いた苛烈な戦闘や、武士たちの功名争いが過熱化し、時代が下がるにつれ死傷者に占める戦死者の割合が高くなっていった。
・長引く戦いの間に病死する者や逃亡したと思われる行方不明者、捕虜も少なからずいた。

四　鉄砲の威力——その有効性は、十分実証できる

鉄砲による負傷は負傷者の半数近くに及ぶ

戦国時代の途中で入ってきた鉄砲が、合戦の場で大きな役割を果たすようになったとは、誰しもいうところである。その結果、日本人の戦い方は一変したとか、天下一統が促進されたとか、大ボラを吹いている人もたくさんいる。だが、それなら鉄砲の使用は具体的にどれだけの成果をあげたのか、それは従来からあった武器にくらべて、どれくらい有効性が高かったのかといったことを実証的に

説明してくれた人は、これまでいなかった。

仕方がないから、私は自分で調べてみることにした。依拠したのは、前項でいったように軍忠状や○○注文といった戦闘報告書の類である。そういうものを引っくり返してゆくうちに、鉄砲疵（手火矢《てびや》疵という場合もある）というものが初めてそれらの史料に出てくるのは、永禄六年（一五六三）一月二十七日であるとわかった。

もっとも、それより前から鉄砲が使用されていたことを示す史料はいくらもあるのだが、統計的な処理には向いていないので使えないのである。また、第三章三項で取り上げたように、粗製の小銃と思われるものが使われたことを示す記録もあるが、慎重を期して、それらは鉄砲疵としては見ないこととした。

ということで、永禄六年一月二十七日より後、寛永十五年（一六三八）二月の原城落城までの間の戦闘報告書を見てゆくと、使えそうなものが六八点あった。それらに記載された負傷理由の明らかな負傷者が七七五人、死因の明らかな戦死者が四二人いる。それらの中には、鉄砲疵と矢疵というように同一人が何種もの疵を負った例もあるので、それらを延べ数として計算すると、サンプルは八二五人となる。その内訳は、次のとおりである。

鉄砲疵・手火矢疵　四五・二一パーセント
鑓疵《やりきず》・突疵　二〇・六一パーセント
矢疵・射疵　一七・三三パーセント
石疵・礫疵　八・九七パーセント
刀疵・太刀疵　六・四二パーセント
薙刀《なぎなた》疵　〇・八五パーセント
切疵　〇・三六パーセント
その他　〇・二四パーセント

一目瞭然というもので、**鉄砲がいかに戦場で猛威を振るったかは明らか**である し、**戦国後期においては、それが主武器となっていた**ことも疑う余地はない。ただ、第六章三項で断ったように、戦闘報告書がつくられた地域には偏りがあるので、こうした数値が全国に通用するかどうかまではわからない。地域によって若干のバラツキは出るかもしれない。

たとえば、鉄砲が多用されたと見られる畿内やその周辺の材料が得られれば、鉄砲による死傷者の比率は、もっとはね上がる可能性はあるだろう。鉄砲集団として知られた紀州雑賀衆に属していた佐武伊賀守《さたけいがのかみ》は、生涯に一四回負傷したといっているが、そのうち一一回が鉄砲疵である（「佐武伊賀 働 書《さたけいがはたらきのしよ》」）。鉄砲による受傷率七八・六パーセントということになる。

一例だけで結論は出せないが、鉄砲が定着した後の状況としては、**地域の如何《いかん》を問わず、全般に比率は上がっていた**ことは間違いあるまい。たとえば、慶長五年（一六〇〇）八月二十四日、伊勢安濃津城の攻撃に加わった吉川広家の部隊と彼の指揮下にあった部隊が出した損害についての報告（「吉川家文書」）を見ると、負傷者の五四・八パーセントが鉄砲疵となっている。

ところで、先に掲げたような武器ごとの受傷率は、これまでにも何度か著書の中で示している。ただ、それらには感状から得た数も算入していたことがあるが、今回は外した。感状も、発給に当たってチェックがなされているという点では信用できるのだが、明らかに接戦して負傷した者が優先されていて偏りがあるのでやめたのである。

ちなみに、戦国後期については、感状からは延べ五九の負傷例が得られたが、そのうち鉄砲疵・手火矢疵は一八・六四パーセントに過ぎず、鑓疵・突疵が三二・二パーセント、刀疵・太刀疵が三〇・五一パーセントといった具合になっている。

鉄砲による戦死者はおよそ八割にも及ぶ

戦闘報告書の類では、戦死者については、その原因は記されないのが普通である。負傷原因については、今後の問題もあるので記録しておく必要も多かったのだろうが、死んでしまった者については、今さら原因を調べても始まらないということだったのかもしれない。

また、この時代の戦死者というのは、必ずしも即死者ではなく、負傷して動けなくなったり、戦意を失って逃げ出すところを首を取られてしまった者が少なくなかった。そうした場合には、本当の原因もつかみにくかったし、あえて究明してみる意味も乏しかったであろう。

ということで、通常、死因は記載されないが、それをよいことに(?)、弓鉄砲のような遠戦兵器でやられても致死率は低いのだとか、いろいろおかしなことをいう人がいる。しかし、例外的に記載のある事例を見れば、それが妄論であることは明らかである。

天草・島原の一揆勢が籠もっていた肥前原城が落城した際（一六三八）、寄手に加わった肥後《ひご》（熊本県）の細川家が作成した史料の中に戦死者の死因まで記したものがある（「寛永十五年二月廿七日有馬《ありま》城乗《しろのり》之《の》刻《きざみ》御《ご》家《か》中《ちゅう》御《お》侍衆《さむらいしゅう》討死被仕《うちじにつかまつられ》候《そうろう》所付《ところづけ》之《の》帳《ちょう》」ほか）。城にいたのは農民主体の一揆勢であるから、彼らの側には戦功証明のために首を取ろうという気は乏しかったであろう。仮にあったとしても、落城間際のドサクサに首を取っている暇もなかっただろう。それで原因もはっきりしていたから、細川家でも記録にとどめたのかもしれない。

それらによると、死因の明らかな戦死者が四二人いるが、弓と鉄砲というように原因が複合している者もいるので、それらを延べ数にしてみると四七人となる。それらの人数はさきに掲げた統計にも入れているが、改めてそれらだけを抜き出して計算すると、**鉄砲が死因である者が七八・七パーセント**となる。これに石や弓矢による者を加えると、**〈飛び道具〉が死因となっている者は八七・二パーセント**に及んでいる。

細川家の史料の中には、このときの負傷者の負傷原因に触れたものも、もちろんある。それらの人数も先の統計に入っているが、抜き出してみると鉄砲疵が四二・二パーセント、〈飛び道具〉の類全体では六三・九パーセントである。見くらべてみれば、鉄砲による致死率は低かったのではないかなどということは、絶対にいえないはずである。

ちなみに、原城の一揆勢が用意できた鉄砲は、せいぜい五三〇挺《ちょう》程度であり、玉薬《たまぐすり》も十分になかったことは、城中にいた山田右衛門作《やまだえもさく》の供述によって明らかである（「天草土賊城中話」）。それでも、これだけの効果を発揮しているのだから、銃器、弾薬が潤沢《じゅんたく》にあれば、こうした数値は、もっとはね上がったであろう。先にいった佐武伊賀守の受傷と合わせて、戦国大名間の戦闘の犠牲者について考えてみる場合の一つのヒントになりそうだ。

POINT

・鉄砲による負傷率は負傷者の四五・二パーセント、致死率は原因のわかる戦死者の七八・七パーセントに及び、戦国時代後期に鉄砲が主武器としていかに猛威を振るったかを物語っている。

五　〈鉄砲至上主義者〉と〈刀剣至上主義者〉――エールばかりは勇ましいが……

鉄砲が普及しても戦闘思想は変わっていない

戦国合戦の実態を解明して、お伝えしようとするとき、困った存在であるのが、〈鉄砲至上主義者〉と〈刀剣至上主義者〉である。どちらも、御贔屓《ごひいき》の武器を過大評価したがることは共通だが、中身はかなり違う。

鉄砲の普及によって日本人の戦い方は一変したとか、天下一統が促進されたとか主張しているのが〈鉄砲至上主義者〉である。この人たちは、まず例外なく織田信長のことを念頭に置いていて、彼が長篠《ながしの》の戦い（一五七五）で鉄砲主体の新戦術を用いて大成功を収めたとか、彼の天下一統は鉄砲のお陰であったとかいいたがるのである。そういう見方は、別に戦後のものではなく、伊藤政之助少将などは、戦前からそういう主張をしていた（第五章二項）。

戦国時代後期の戦いで鉄砲が大きな役割を果たしたことは、前項で明らかにしたとおりだが、その効果は戦闘レベルまでであって、それ以上に及ぶものではな

い。そのことは、『鉄砲と日本人』以来、何冊かの著書で説明してきたし、第五章二項でも触れたのでくり返さない。ただ、戦闘報告書などから日本人の戦い方を見た場合、**鉄砲を知る以前は、もっぱら槍や刀を振り回して戦っていたかのようなとらえ方は間違っている**ことだけは、改めていっておきたい。

記録もなにもない時代のことはわからないが、文献によってたどれる限り、**日本人は〈飛び道具〉主体の遠戦を好んでいたことは明らか**である。鎌倉末期―南北朝期については、軍忠状によって、それを数値的に示すことも可能である。

この期間の負傷原因の明らかな者延べ五八一人について調べたところ、矢疵・射疵が八六・〇六パーセント、石疵・礫疵が二・五八パーセントであった。負傷者の九割近くが〈飛び道具〉でやられていたことになる。そうした数値を踏まえながら、史料を読み解いてゆけば、どういう戦闘が行われていたかも、かなりのところまで想像がつく。

戦闘報告書に鉄砲疵というものが現れる以前の戦国前期についても、延べ七七人の負傷原因をつかまえることができた。矢疵・射疵が六一・一八パーセント、石疵・礫疵が一六・二〇パーセントである。ただ、鎌倉末期―南北朝期には一・五五パーセントに過ぎなかった鏃疵・突疵が一八・七四パーセントあって、第五章五項で指摘したように槍の普及が戦闘のあり方を少し変えたことはうかがえる。それでも〈飛び道具〉による負傷者が七七・三八パーセントを占めているのだから、遠戦志向ということは変わっていない。

こういうことを見れば容易にわかるはずだが、**日本人の戦闘思想は、昔から一貫して変わっていない**。鉄砲導入の意味は、道具立てが新しくなり、より効率的に遠戦が行われるようになったところにある。自転車にモーターが付いてバイクに変わったようなものかもしれない。

武器としての日本刀の威力は大きなものではなかった

特定の武器を過大評価しているという点で、ことにひどいのは、〈刀剣至上主義者〉の場合である。この人たちは〈日本刀信者〉とでも呼ぶほうが適切かもしれない。戦前・戦中までのわが国では、日本刀というものは特別扱いされていた。それは万邦無比《ばんぽうむひ》の霊器《れいき》であり、武器としても比類のないもののように考えられたところがあった。

そこに日露戦争以後に日本陸軍が広めた、日本人は古来、白兵《はくへい》（刀や槍のような刃の付いた兵器）の使用を得意とし、それを主たる武器として戦ってきたのであるという〈神話〉が付け加わったりしたから、なおさら大変なことになった。大和魂《やまとだましい》とその象徴でもある日本刀があれば、いかなる難敵も堅陣も打ち破れない道理はないといった話にまでなってしまったのである。

もっとも、陸軍のエリートたちが，本気でそう考えていたかどうかとなると、いささか疑わしい。

日露戦争の何年も前に陸軍参謀本部が編んだ『日本戦史―関原役』を見ると、伊勢安濃津城の事例を引いて、この頃には、当時の兵器でもっとも使われたのは鉄砲で、槍、弓矢、刀剣の順で続くと書いてある。実際には、この戦いで刀剣などはほとんど使われていなかったことは、一項で見たとおりだが、**離れては鉄砲、接近すれば槍くらいのことはわかっていた**のである。

その刀剣についても、同じ陸軍参謀本部が一九二四年に出した『日本戦史―朝鮮役』では、朝鮮側の記録に、接戦での日本刀の威力をいっているのを批判して、当時の日本軍が槍を接戦用の主武器としていたことを知らないから、そんなことを書くのだと一蹴《いっしゅう》している。その刀についても、「往古接戦用の重器」だったには違いないが、槍の使用が盛んになったため「単に護身用に供する」に過ぎなくなったと、すげないことをいっている。

　ここでいう往古（昔）がいつ頃のことを指しているのかはわからないが、少なくとも戦国時代には、そんな妄想を抱いた人間は一人もいなかった。日本刀さえ大事にしていれば、なにがなくても大丈夫だなどと考える戦国大名がいたとしたら、あっという間に没落してしまったに違いない。

『刀と首取り』という著書で、私は**日本刀は武器としては大した役割を果たしていなかった**と指摘した。もともと本格的な接戦の機会などそうそうなかったうえに、そうなった場合でも、刀は槍にくらべると頼りになるものではなかったからである。それに賛同してくださった方も多かったが、やや意外だったのは、各種の武術を修めた人たちの中に、そのとおりだといわれた方が何人もいたことである。だが、〈日本刀信者〉の間からは、わずかながらとはいえ、反発の声が聞こえてきた。

　それにも二通りあって、一つは刀剣の美術的価値や信仰上の価値と武器としての価値を混同している人たちである。私は、刀剣の中には美術品としてすぐれたものがあることや古くから神聖視されて信仰の対象となったものがあることを否定したわけではない。ひたすら武器としての効用を論じただけである。たとえていうならば、番犬としては、どういう犬種が役立ったかといったのに対して、いやこちらの犬種のほうが気品があるとか、美しいとかいわれても困るのである。

もっと困るのは、いまだに日本刀こそは比類のない優秀な武器だと信じているような人たちである。誰がどう考えたって、**刀で弓鉄砲に立ち向かうのは無理だし、槍と渡り合ったって利のないことは常識でわかるはず**である。宮本武蔵の師匠であったといわれる宮本一真《いっしん》という剣客は、天下無敵と自負していたらしいが、「世の中に弓鉄砲のなかりせば、わが兵法《ひょうほう》（剣術）に誰か勝つべし」というまことに正直な道歌を残している。

一真はどうだったか知らないが、刀しかない者が戦場で槍と渡り合うのも、難しかった。その種の話はいくらもある。戦場ではないが、荒木又右衛門《あらきまたえもん》も伊賀《いが》（三重県）の鍵屋《かぎや》の辻《つじ》で仇討をしたとき、相手方にいた槍術者桜井半兵衛《さくらいはんべえ》に槍をとらせまいとして大変苦労している。もちろん、そうなったらかなわないからだ。

このように、昔からはっきりしていることを、いまだに認めたがらない人がいるのである。こういう妄想は、敗戦で消滅したと思っていたが、そうでもなかったらしい。

この種の人たちは、私が戦闘報告書に拠って、鉄砲や弓による負傷者にくらべたら、刀剣類による負傷者など知れたものだといったのが、まず気にくわない。刀剣でやられると致死率が高いから、負傷者の統計には出難いのだという理屈で反発してきた。だが、前項で見たとおり、戦死者の死因がわかる場合でも、鉄砲をはじめとする〈飛び道具〉による比率が圧倒的に高く、槍でやられた者は若干いるが、刀で切られて死んだ者など一人もいない。

テレビドラマなどでは、合戦場面というと定番的に鎧《よろい》武者が刀を抜いてチャンバラをやっている。刀剣でやられると致死率が高いから、戦死者の中に入っているのだなどという人は、そういうものを見て事実だと思っているのかもしれないが、甲冑の専門家たちによると、金属製の鎧はもちろん、革鎧であっても斬撃には強いそうである。

甲冑は、鉄砲はもちろん、弓、槍など一点集中で来る武器に弱いのだという（藤本正行《ふじもとまさゆき》『武田信玄像の謎』）。甲冑が刀で切れるくらいだったら、わざわざそんなものを着ける必要はなかったではないかとまでいった人もいるが（山上八郎・山岸素夫『鎧と兜』）、そういう指摘は〈日本刀信者〉には届いていないようだ。

そういう〈日本刀信者〉の一人は、明らかに軍忠状の現物はもちろん活字化されたものも見ていないらしいのに、そんなものは信用できないようなこともいっていた。その理由の一つとして、矢疵などにくらべて、刀剣類による疵は不名誉だから報告しなかったのだろうということを挙げていたが、これは珍説の部類というべきである。

この人は、おそらく感状なども調べたことがないのだろうが、鉄砲疵などよりも、刀や槍などの白兵疵のほうが褒められやすかったことは明らかである。また、武士たちが顔の刀疵を自慢にしていたことは、宣教師のルイス・フロイスも記している（『フロイスの日本覚書』）。田中吉政が盗賊と戦って顔にひどい刀疵を受けたのを見た豊臣秀吉が〝お前は生ぬるい顔をしていたが、それで勇猛そうに見えるようになった〟と褒めて加増したという話も残っている（『武家事紀』）。

トンデモ論もほどほどにしていただきたいというところである。

POINT

・鉄砲は戦闘で大きな役割を果たしたが、鉄砲が普及する以前から、弓矢など飛び道具主体の遠戦が行われており、戦い方そのものは大きく変わっていない。
・日本刀は弓鉄砲はもちろん、槍と戦うのも難しかった。

六　弓矢が戦場で発揮した効果——改めて見直しておきたい問題

戦場で長く効果を挙げた弓矢

これは私には、やっとわかりかけてきたが、一般にはどうもまだ理解されていないのではないかという類の問題である。

一般的に、戦国時代の合戦で弓矢が果たしていた役割については、かなり低評価されている感じである。それ以前の時代についても、必ずしも的確に評価されているとは思えないが、戦国時代については、ことにその傾向がはなはだしい印象を受ける。鉄砲が普及すると弓矢は存在意義を失ってしまったという感覚でとらえられていることも多いようである。

少なくとも、私などは長年そういう具合に理解してきたが、軍忠状や○○注文といった戦闘報告書を分析してゆくうちに考えが変わってきた。ことに前項で示したように、鎌倉末期―南北朝期には原因のわかる負傷者のうち、八六・○六パーセントが弓矢によるものであることがわかった。また、武器としての弓矢の重要性については、以前から何人もの方が注目されていたことも知った。古い時代については、そうした先行研究におまかせすることとして、ここでは戦国時代の弓矢の問題にしぼって見ておくこととしたい。

応仁文明の乱の開始（一四六七）から島原の乱の終結（一六三八）までの間の戦闘報告書から拾い集めた原因の明らかな戦死者・負傷者が、延べ一五七二人いる。そのうち、もっとも比率の高いのが矢疵・射疵の三八・一七パーセントである。次が鉄砲疵・手火矢疵の二三・七三パーセントであるから、**広い意味で戦国時代を通観した場合、戦場でもっとも効果を挙げていた武器は弓矢であったといってよいだろう。**

鉄砲が登場するまでの期間を切り離して見れば、負傷原因に占める矢疵・射疵の比率は六一・一八パーセントに及ぶことは、前項で触れたとおりである。これに続くのは、鑓疵・突疵の一八・七四パーセントであるから、弓矢の威力はダントツであったといってよい。この頃までは、日本人の主武器は、間違いなく弓矢であった。

それが、鉄砲の導入後どうなったかは四項で数値を示したとおりである。遠戦主義は依然として続くなかで、それまで弓矢の果たしていた役割が次第に鉄砲によって〈肩代わり〉されていったことは明白である。しかし、鉄砲が普及し尽くしたところで、直ちに存在意義を失ったというようなことではない。

実は、戦国時代の終わりごろになると、弓矢はほとんど役に立たなくなったという見方が当時からあったらしい。後藤基次に属して大坂の陣に参加した長沢九《く》郎《ろ》兵《べ》衛《え》は、東西両軍で弓が役に立った事例といえば、天王寺辺の戦闘で、細川家の弓足軽七人が、それぞれ敵に射当てた例があるだけだといっている。彼らは、後に取り立てられて知行《ちぎよう》をもらうようになったともあるから、その手柄で士分に昇格したということだろう（「長沢聞書」）。

これは夏の陣（一六一五）のときのことだろうが、前年の冬の陣でも、城中から射出した矢の多くが敵に届かず、堀に落ちてしまったという話もある（「志士清談」）。これを見た古老が、矢狭間《やざま》から射るから、そういうことになるので、塀の上から射れば落ちかかっても敵の人馬に当たるものだと評したともある。そういう知識が乏しくなっていたという意味においても、弓の実用性はかなり乏しくなっていたということなのだろう。

弓の使用が衰微《すいび》したであろうことは、装備状況からもわかるが、長沢九郎兵衛が極論するほど、戦果があがらなかったわけではない。藤堂家などは、弓足軽のほか士分の弓役を置いていて、彼らが敵を射伏せて首を取ったりしている（「手負所之覚」）。長沢が引合いに出した細川家でも、士分の者が半弓で敵を倒して首を取った例がある（「細川家記」）。記録が残っていないだけで、他の家にも、そういう例はあるだろう。

もっと後の島原の乱（一五三七～三八）でも、まだ弓は実戦に用いられている。原城に籠もった一揆勢は、余り弓は使わなかったと思うのだが、細川家だけでも、弓による死傷者を何人か出している。一方、この家の士分にも弓や半弓を携えた者がいて、何人かの働きが書きとめられている（戸田敏夫『天草・島原の乱』）。

大坂の陣さらに島原の乱ともなれば、鉄砲にくらべれば、戦場に持ち出された数も、その効果も比較にならなかっただろうが、それでも弓矢はまだ命脈《めいみゃく》を保っていたのである。その背景には、簡単に新来の武器である鉄砲に依存したくないという一部の武士たちの保守的心情もあったかもしれない。だが、そのまた背後には、それまで何百年にもわたって、弓矢が築いてきた〈実績〉の記憶があったのではあるまいか。

実は、ヨーロッパでも似たような傾向があったらしく、一五九〇年代になっても、まだ弓矢と鉄砲とどちらが有利かという論争があったという（D・ポープ【銃砲】）。戦場にも、かなり後まで持ち出されていて、一八一三年のライプツィヒの戦いのとき、フランスの将軍がロシア軍の弓矢で負傷したというような話も残っている（H・デルブリュック【近代戦の黎明《れいめい》】）。

弓で射られた人たちの証言

弓矢の果たした役割は、今ご覧いただいたとおりだが、それでやられたという人の声も多少残されているので、ご紹介しておきたい。

古いほうからゆくと、紀州雑賀衆の佐武伊賀守が、弘治《こうじ》元年（一五五五）、十八歳のとき、根来《ねごろ》山内の内ゲバ闘争に加わったときの事例がある。当時、佐武は、根来の行人《ぎようにん》つまり僧兵のようなものになっていた。

彼は同宿の仲間と槍を取って戦ったが、鳥の舌形の鏃《やじり》で足首を射抜かれた。そのままかなぐり捨てたところ、矢柄《やがら》は抜けたが、鏃はとどまってしまった（「佐武伊賀働書」）。それから先どうなったかは記されていないが、その後の働きを見ると、別に支障もなかったようである。ちなみに、佐武自身も翌年の山内の闘争に弓矢で戦って、何人か殺傷したことがある。

徳川家康の家臣の水野正重は、永禄十二年（一五六九）一月、遠州《えんしゆう》（静岡県）掛川《かけがわ》城で今川《いまがわ》勢と戦った。敵を討ち取って立ち上がろうとしたとき、「腰之えびら」を射通された。これがなかなかの重傷で家康の呼んだ外科医の治療を受けた（「水野左近働覚」）。家康に限ったことではないのかもしれないが、主人が外科医を手配したりしたことがあったらしい。

やはり家康の家臣贄掃部《にえかもん》は、天正三年（一五七五）の長篠の戦いのとき、竹広山で功名を立てたが、「信玄衆」に弓で射られた。それが鏃のない矢で左眉の上に当たったが、ひどく鼻血が出たという（「贄掃部覚書」）。武田勢を「信玄衆」と呼んでいるのは面白いが、鏃のある矢だったら命に関わっただろう。なぜ、鏃のない矢が使われたのかはわからない。

水野正重は、天正七年（一五七九）、摂津《せっつ》（兵庫県）有岡《ありおか》（伊丹）の城攻めに加わった。城中の甲賀衆《こうかしゅう》が裏切るという情報があったので、一番乗りをめざして日の出から城際に待機していた。いよいよ塀を乗り越えようとしたところ、一間半（約二・七メートル）ほどの至近距離から矢を射かけられ、首から肩先まで貫かれた。それでも起き上がって塀の柱に取りついたところ、上から立ち臼《うす》を落とされて水堀へころげ落ち、味方に助けられて本陣へかつぎ込まれた。軍記や稗史ではわからない城攻めの実態の一端を教えてくれる話である。

これも水野の体験談だが、天正十二年（一五八四）六月、尾張《おわり》（愛知県）蟹江《かにえ》城で首を取って家康のところへ持参した。家康は、首を取ってくるのは珍しいことではないが、今日の立物《たてもの》（冑《かぶと》の飾り）は見事だなといった。それで冑の天辺《てっぺん》をなで回してみたら、矢が四、五本も当たっていたが、矢柄は折れて鏃だけ立っていた。冑を貫通したものも一筋あって、頭部右側に達していた。本人は気づいていなかったというのだが、疵は後まで残ったという。

このほか四国の来島衆《くるしましゆう》の村上義清、鍋島家の藤井久兵衛が朝鮮で明国《みんこく》兵と戦って、半弓で射られた遺談を残している。村上の場合は、冑を射抜かれて軽傷を負ったという話、藤井の場合は、鉄砲を放って敵中突破するとき、二七本も矢を射立てられたという話であるが、当人の感想はわからない。

POINT

・戦国時代を通観すると、鉄砲の登場によって衰微はしたものの、それまで戦場でもっとも威力を発揮し、役に立った武器は弓矢だった。

七　忘れられがちな石・礫の効用――戦場では刀より有用だった

武器としての石・礫

前の項で取り上げた弓矢以上に過小評価というか無視されているのが石・礫《つぶて》で

ある。私の場合、それらが武器として用いられていたことは以前から知っていた。だが、戦闘報告書の類を調べてみるまでは、どのくらい効果をあげたのか見当がついていなかった。

石や礫を武器とする場合、大きなものは城の上などから落としかけ、小さなものは手にとって投げつけた。これが礫である。ヨーロッパや中国では、機械力でかなり大きな石を飛ばすことがあったが、わが国ではそうした例は乏しい。古代にそれらしいものがあったのではないかとか、応仁文明の乱の際、使用されたようだという程度である。また、外国では器具を使って礫を飛ばすことも行われていたが、これもわが国ではやっていない。ただ、**石の弾丸を鉄砲の類で撃ち出すことはあって、「石銃」という名称も残っている。**

武器としての石・礫の歴史は古い。文献的には、寛治《かんじ》元年（一〇八七）頃、城の防御に石を使ったのが早い。これは吊《つ》るしておいた石を落としたものらしい。鎌倉末期―南北朝期にも用いられたことは軍忠状などによって明らかだが、負傷理由に占める比率は意外に低い。軍忠状から得られた負傷者延べ五八一人のうち二・五八パーセントというところである。

戦国時代に入ると、この数値は上昇する。原因の明らかな戦死者・負傷者延べ一五七二人のうち一二・四〇パーセントが石疵・礫疵を受けている。鑓疵・突疵が一九・七二パーセント、刀剣類によるものなどは、薙刀疵などまで引っくるめても五・八六パーセントに過ぎないのだから、これがいかに大きな数値であるかは明らかであろう。なお、石疵・礫疵を受けた者の中には、石銃で撃たれたのではないかと思える者も若干入っている。

参考までに、感状から拾った延べ一九八人の負傷者についてみると、刀剣類による負傷が二一・二一パーセントあるのに対して、石・礫の負傷はわずか一・〇一パーセントしかない。どうも石や礫でやられても、褒められにくかったらしい。ちなみに、お褒めの対象とされることがもっとも多かったのは、やはり弓矢による受傷であって、三九・九〇パーセントある。

戦闘報告書に記載されている石疵・礫疵は、応仁文明の乱の始まった応仁元年(一四六七)十月から始まって、寛永十五年(一六三八)二月の原城落城に及んでいる。広い意味の戦国時代全般にわたっているといいたいところだが、実は天正十一年(一五八三)十月でいったん中断して、最後の原城の戦いでまた出てくるのである。単に史料が残っていないというだけなのか、その頃には流行らなくなっていたのか、そこまではわからない。

弓矢と同様、**鉄砲の普及・定着に伴って石・礫も効用を減じた**ことは、当然考えられる。戦闘報告書を鉄砲疵が確認できる時点を境に前期、後期に分けてチェックすると、石・礫疵は、前期が一六・二〇パーセント、後期が八・九七パーセントである。しかも後期の半ば以上は、原城での死傷者であるから、使用が減っていったことは間違いないだろう。

ただ、鉄砲が行きわたれば、礫打ちなど消滅したというほど単純な話でもない。そのことは戦闘報告書の中に投石の疵と手火矢（鉄砲）疵が一緒に出てくる事例があることを見てもわかるし、戦闘報告書以外にも、それを示す話がある。

たとえば、元亀二年（一五七一）、毛利勢が尼子家の残党山中鹿介《やまなかしかのすけ》らの籠もる伯耆《ほうき》（鳥取県）末吉城を攻めたとき、城の土手が高くて、そのままでは弓鉄砲が使えないというので、三重の井楼《せいろう》を組み上げた。そこから弓鉄砲を放ったのはもちろんだが、それと併せて礫も打った（「老翁物語」）。よくわからないが、投石には投石の効用があったのだろう。

この翌年、武田信玄が遠州三方原《みかたがはら》で徳川・織田軍と戦ったとき、礫を打ったことは『信長公記』や『三河物語』にも出ていて有名である。それを根拠に武田勢は鉄砲を持っていなかったなどと主張している人が大勢いるが、それは真っ赤なウソである。たしかに武田勢は投石もしたが、鉄砲も撃っている。そのことは、徳川側の史料(「大三川志《だいみかわし》」「柏崎物語」など)にも、ちゃんと書かれている。この場合も、礫打ちには礫打ちの効用を認めていたのだろう。

石・礫でやられた人たち

弓矢の場合と同様、石・礫で負傷した体験談をご紹介したいのだが、こちらも余り多くない。しかも、それはほとんど寛永十五年二月の原城落城のときに集中している。それ以外では、弓矢のところで出てきた贄掃部が永禄年間の末頃に遠州のどこかの城でやられたという事例があるくらいである。贄は、城の木戸口でなにか功名を立てたが、そのとき石を落とされたらしい。冑の部品が吹っ飛び、鉢《はち》がひしゃげたというが、本人は無事だった。

原城では、宮本武蔵《みやもとむさし》がやられている。このとき五十四歳になっていた武蔵は、養子の伊織《いおり》が仕えていた豊前《ぶぜん》（福岡県）小倉の小笠原家の軍勢に加わって出陣した。最後の総攻撃のとき、本丸の石垣に迫っていって石を落とされたらしい。「拙者も石に当たり、すね（脛）たちかね申す故」、お目にもかかれないと有馬直純《ありまなおずみ》宛ての書状に書いている。足をやられて動けなくってしまったのである。通常の城攻めでそんなことになったら、容赦《ようしゃ》なく首を取られていたところだが、相手が一揆勢で、しかも落城のドサクサとあって助かったのは幸運であった。

このとき細川家の小林助大夫という者は、銃眼より敵と突き合って両手に槍疵を受け、さらに「石にてつらをうたれ引退《ひきのき》申候」と報告している（「有馬《ありま》一件《いっけん》ニ付《につき》武功《ぶこう》御吟味《ごぎんみ》并《ならびに》働《はたらき》面々《めんめん》覚書《おぼえがき》」）。礫を顔面に受けたということであろう。

ほかにも、この家に報告された例では、本丸の石垣を登ろうとして石で二、三度打たれたと宮本武蔵と同じようなことになった者、本丸の石垣の上で突き合ううち右手を突かれ、さらに左の肩先を礫で打たれて引き下がったという者、塀下で戦ううち槍を折り、その後、左足を石で打たれたという者などがある。投石と落石の両方あったということである（「肥前国於有馬原城働之御帳《ひぜんのくにありまはらじょうにおいてはたらきのおんちょう》」など）。

POINT

・大きな石を落としたり、礫を投げつけたり、弾丸として鉄砲で打ったりと、石や礫も武器として大いに使われていた。

八　戦い方の変化と合戦像の変貌――通説とは少し違うリアルな見方

個別から集団へ、騎馬から徒歩へ、そして変わらない遠戦主義

わが国での戦闘の方式や様相がどのように変遷してきたかについては、これまでもさまざまな機会に論じてきた。この本でも、武器と軍隊の編成の関係とか、装備の状況の変化とか、武器と死傷者の関係とか、いろいろな角度からご説明してきたが、多岐《たき》にわたり過ぎて、かえって筋道《すじみち》がわかり難くなったということもありそうである。そこで締めくくりの意味で、その辺りのところを取りまとめてお示ししておきたい。

わが国における戦闘方式というと、①**個別から集団へ**、②**騎馬から徒歩へ**、③

白兵から火兵へという形で変化していったと考えられることが多い。しかも、それらの動きは、連動して戦国時代に起こったと信じられているが、結論からいえば、余り正確な認識とはいえない。

まず、個別から集団へという一つの流れがあったことは、だいたい認めてよいと思う。ただ、それはあくまでも相対的な意味においてである。個別に戦うといっても、文字どおりの一騎打ち主義で戦われていた時代があったとは思えない。少なくとも、**武士たちの世になってからは、彼らは小グループ単位で戦っていた**というのが実態だったはずである。

中世の武士は、しばしばヨーロッパの「騎士」と同じように見られている。この類推は必ずしも正しくないのだが、こうした戦い方は共通である。騎士たちは、私的な従者などから成る「ランス」と呼ばれる一種のコンバットチームをつくって戦っていたことは、すでに触れたが（第一章三項、四項）、家の子《こ》郎党《ろうとう》を従えて出てきたわが国の武士たちも同じようなものである。

ヨーロッパでは、ランスをいくつかまとめて塊《かたまり》をつくったこともすでにいったが、この点もわが国でも似たようなものであった。それを集団主義というなら、戦国以前から集団的に戦っていたことになる。軍役《ぐんやく》などに関して見てきたように、戦国時代においても、騎馬の武者を中心とする大小のチームが出てきて、それらが組み合わされて部隊が編成されていたからである。

中心となったのは個々の武士たちであるから、それは個別主義だというなら、戦国時代においても、依然、個別主義は続いていたことになる。どのようなレッテルを貼るかは、その辺の見方の問題ということになってしまう。

ただ、戦国時代になると、**徒歩兵の比重、比率が増大したことや長《なが》柄《え》槍《やり》、鉄砲の導入などに伴って足軽部隊がつくられることが多くなった。**それをもって集団主義の現れというなら、そのとおりである。もっとも、弓足軽の部隊のようなものは、すでに南北朝の頃から出現しているから、戦国時代になって初めて現れた現象ということではない。

また、鉄砲の導入が集団化を促進したであろうことは想像に難くないが、ヨーロッパとは違って、わが国では一隊が一個の機械のように動くところまでは進まなかった。そのことは第五章などでいったとおりである。ただ**騎馬から徒歩へという流れがあったことは、これもそのとおりである。**

し、それは戦国時代になって、突然始まったことではない。まして、いまだに多くの人が信じているように、長篠の戦い（一五七五）での武田軍の敗退を契機に起きた現象でもない。

また、騎馬から徒歩へといっても、それは騎馬武者の戦闘における重要度が減少したということであって、彼らが消滅したわけではない。**原則として一定範囲の者だけが騎乗できるというシステムは、戦国以前も以後もまったく変わらなかった。**まして、近代騎兵のようなものは、ついに出現しなかったことは、第二章二項などでいったとおりである。

白兵から火兵へという動きがありえなかったことは、この章などで見たとおりである。白兵（槍や刀など刃のついた武器）をもって接戦格闘することは、戦国時代を含めて、どの時代にも見られたことである。だが、それが戦闘方式の主流になるとか、白兵をもってしか戦闘に決着はつけられないという白兵主義の思想が普遍化するようなことはいっさいなかった。

文献によってたどれる限り、**日本人はずっと〈飛び道具〉主体の遠戦主義でやってきた。**ただ、古くは弓矢を主武器とし、石・礫がそれを補う形であったものが、戦国時代の途中に鉄砲が普及したことによって、それが主武器となり、弓矢や石・礫が従となったものである。そのことは、第二章や本章で兵種の比率や死傷者の内訳の問題として説明した。

鉄砲と首取りが戦場の光景や戦いの様相を変えた

戦国時代になっても、戦闘自体は依然として遠戦主義主体で行われていたから、その意味では、戦いの基調はなにも変わらなかった。イギリスのJ・F・C・フラー将軍（一八七八～一九六六）は、戦術の恒常的《こうじょうてき》な要素として、敵の武器が届かない離れたところから敵をやっつけられる武器を欲しがる傾向を挙げている（T・ウイントリンガムほか【武器と戦術】）。わが国も、その例外ではなく、弓矢に代わって、もっと効率のよい鉄砲が出てきたというまでである。

その鉄砲が、それまでの状況を根底から変えてしまったようにいうのは誤りであるが、**戦いの様相や戦場の光景を変えたことはたしかであろう**。たとえば、**鉄砲の普及が戦死者を増やすことに〈貢献〉したことは間違いあるまい**。鉄砲は弓矢以上に多くの即死者を出したであろうし、重傷者も増やしたに違いない。撃たれて動けなくなった者は、首を取られる確率が高くなる。それでなくても、鉄砲以前からしきりに行われていた首取りにいっそう拍車がかかり、戦闘はますます苛烈な様相を呈することとなった。

もっとも、時代が下がるにつれて、戦場が血なまぐさいものになっていったのは、わが国ばかりでなく、ヨーロッパも同様だったらしい。比較のため、少し寄り道しておくと、彼らには首取りの慣行はないが、戦場において徒歩兵の重要性が増大したことが、そうした現象をもたらしたのだという。

それまで十二世紀から十三世紀頃までの騎士たちを中心とする戦闘では、戦死者など余り出なかったというが、これはそのとおりである。たとえば、一一二四年のある戦いでは、数百騎が入り乱れて戦い、一方の騎士八〇人が捕虜となったが、戦死者は一名も出なかったとか、一一九九年のある戦いでも、双方九〇〇騎が入り乱れて戦いながら、戦死者は三名だったとか、その類の話はいくらもある（H・デルブリュック【中世の戦争】など）。

それまで戦死者が少なかったのは、相手を殺すよりも捕らえて身代金《みのしろきん》を取ることを良しとする慣行が騎士たちの間にあったからだが、徒歩兵が増えて戦闘のあり方が変わると、そうした〈優雅〉な慣わしなど保てなくなる。敗れた者は容赦なく殺され、戦場が殺伐とした光景を呈することとなったのも当然である（C・J・ロジャース【百年戦争の時代】）。

わが国とヨーロッパでは、背景事情が違うので、徒歩兵が増えたこと自体が戦いの様相を変えたということよりも、彼らの多くが鉄砲兵や槍兵《そうへい》だったということのほうが大きかっただろう。

鉄砲の普及がもたらしたものについては、すでに触れたとおりだが、ちょっと気がつかないような影響もある。第三章四項で取り上げた武士たちの美装の問題がそうであるし、第五章五項で取り上げた音、煙などの問題もある。そういったことが、かなり戦場の風景を変えたことはたしかである。

槍の普及も、それ以前の時代にくらべて、戦闘のあり様を少し変えたのではないかということは、第五章五項で指摘した。といっても、**戦闘の基調がずっと遠戦主体だった**のだから、戦国時代になって、にわかに接戦格闘が活発化したということもできない。それ以前にくらべれば、少し違った光景が見られるようになったという程度の問題である。

軍学者などは、戦国の戦いの核心は「槍合《やりあわ》せ」だったようにいいたがったし、いまだに、それを信じている人も多い。だが、徳川家康が晩年になって、本当の槍合せなんて、そうそうあるものではないといったという話がある（『常山《じょうざん》紀談《きだん》拾遺《しゅうい》』）。家康のような歴戦の武将でも、槍をとっての本格的な接戦格闘の事例など耳目にすることは少なかったのである。

戦国時代とそれ以前の戦場風景の違いとしては、**首取りの盛行**ということを挙げなければならない。首取りは、第六章などで指摘したように、**本来は戦功の認定手段であったものが、次第に自己目的化して功名の代名詞のようになり、範囲も態様も著しく変化した**ため、そこからさまざまな現象が生じた。

まず、首を取りたいがために、白兵戦闘まがいのことが増大したのではないかと考えられる。首を取るためには、とにかく敵に接触しなければならないが、相手が戦闘力を残していたり、家臣や朋輩が付いていれば、首を取られまいとして接戦になるからである。そのことは戦闘報告書の類などからも読み取れるし、参戦者の覚書や遺談などからも見て取れる。

首取りの道具としては、刀剣類が必要であるが、一部の〈日本刀信者〉の人たちがいうところとは違って、**刀剣が戦闘そのものに大きな役割を果たすようなことは、戦国以前にも以後にもなかった。**刀剣類で負傷した者など、石をぶつけられた者よりずっと少ないくらいである。だが、**首取りが盛んになったことで、刀剣類の出番がぐんと増えた**ことは間違いない。

　大坂落城（一六一五）のとき、一万三一五〇ないし一万四五五七の城兵の首が取られたことは、この章の二項で触れた。一人で複数取った者もいるから、首数と同数とはいわないが、膨大《ぼうだい》な数の刀剣が使用されたことはたしかである。

　首取りの盛行が死者の数を増やしたこともたしかである。首を取られなければ死なずに済んだ者が、どのくらい余計に殺されたか、ちょっと想像もつかない。それらの中には、非戦闘員として従軍していた者や軍隊とはまったく無関係な人間も多数含まれていたことは、想像ではなく、史料的にも確かめられる。戦国前であったら、こういう人たちの首が積極的に狙われるようなことは、まずなかったのではあるまいか。

POINT

・戦国時代には、徒歩兵が増え、長柄槍や鉄砲が導入されて部隊が編制され、集団的に戦うようになったが、日本はもとから遠戦主義で、戦い方がガラリと変わったわけではない。ただ、鉄砲の普及が戦場の風景を変え、首取りの盛行が戦いの様相を変えた。

あとがき

この本は、別にお断りしたように、二〇一〇年に洋泉社から出版された『戦国軍事史への挑戦――疑問だらけの戦国合戦像』をベースにして編まれたものであるが、その洋泉社版は、同社の編集者であった藤原清貴さんとのちょっとした会話から生まれた。

近ごろ、〝よくわかる戦国史〟といった類のタイトルを付けた本がたくさん出ているし、タイトルに謳《うた》わないまでも、戦国時代のことならなんでもわかっているかのようにかまえたものが少なくないが、この時代のことって、そんなにわかりやすいものなのだろうかということが、たまたま話題になった。

これには私自身の体験がからんでいるので、申し訳ないが、そこから説明させてもらうと、史学科の出身でもない人間が、本格的に戦国時代史に取り組むことになったのは、紀州《きしゅう》の雑賀衆《さいかしゅう》という集団について調べる必要があったからである。

雑賀衆のことは、この本の中でも何度か触れたが、今日の和歌山市域の大部分と海南市域の一部を押さえていた土豪《どごう》たちの集まりで、鉄砲と水軍で知られていた。織田信長とも羽柴（豊臣）秀吉とも真っ向から渡り合い、秀吉によって壊滅させられたが、残党の中には徳川家康の天下にも歯向かおうとした者たちがいたという、大変ユニークな戦歴を持っている。

もっとも、私はあらかじめそういうことを知っていて、彼らに取り組んだわけではなく、ご先祖さまが雑賀衆の一員だったというから、いったいどういう連中だったのだろうかと思って調べ始めたのである。

始めてみたら、わからないことだらけだった。私の予備知識不足というだけではなく、一、二の例外はあったが、プロの学者たちが彼らのことをまともに取り上げていなかったからである。そうなった理由はわからないが、歴史学界は私の知りたいようなことには答えてくれないのだということだけはよくわかった。

雑賀衆から出発して、鉄砲のこと、信長の〈新戦術〉のことといったように、私の関心はどんどん広がったが、疑問もどんどん拡大した。学者・研究者は、雑賀衆なんていうおかしな連中は相手にしたくなかったんだろうというのは私のヒガミだったようで、ほかの分野でも、私の知りたいようなことには、どうも答えてくれていないのである。その一例が「まえがき」で触れた信長の軍隊にはどれくらいの鉄砲兵がいたのか、彼らはどう集められてきて、どのように訓練されていたのかという疑問である。

そういう背景があったから、戦国時代史ってそんなにわかりやすいものなのだろうかという冒頭の会話になったわけである。わからないことは避けて通るとか、本当はわかっていないのにわかっているような顔をしない限り、〝よくわかる戦国史〟の類はつくれないのではあるまいか。いや、書いているご本人たちが、自分がわかっていないことに気がついていないのかもしれないというところまで話は発展した。

そうなったら、自分でやれるところまではやってみるほかないということで、藤原さんにも、あれこれご尽力いただきながらでき上がったのが洋泉社版である。早いもので、それから十年以上が経過したが、今回、ＰＨＰ研究所で文庫化していただけることになった。

せっかくの機会だから、右から左に新書を文庫にするというのではもったいない。その間には、学界などでわかってきたこともあるし、私自身が調べたり、考え直したりしたこともある。この機会に、それらを盛り込むことにしたが、基本的なところは、ほとんど変わっていない。正直なところ、これは残念なことで、私が指摘したようなことのかなりの部分が〈昔語り〉になってもらわないといけないのだが、歴史の世界はそこまで動いていないらしい。

また、洋泉社版は少しマニアックなところがあって、歴史好きではあっても、マニアとまではいえないような方たちには、取っ付きにくかったり、いささか説明不足だったりしたところがあったようだ。編集の山口毅さんからも、いろいろご意見をいただいたので、そうしたことも含めて全面的に見直しを行った。

そういうこともあって、山口さんをはじめ編集の方たちには、お手間をかけさせたが、お蔭で新しい読者の方たちはもちろん、洋泉社版をお読みくださった方にも改めてお読みいただいて、ご損はないようなものができたと思っている。

令和三年（二〇二一）九月

鈴木眞哉

参考文献

一般的な辞書、事典、教科書、年表、史料集の類は挙げていない。

一般図書（原則として明治以降に書かれたもの。配列は、編著者名の五十音順またはアルファベット順による。邦訳のない欧米の文献などについては、【　】の形でとりあえずの邦訳名を付けてある）

安部龍太郎、立花京子ほか『真説本能寺の変』（集英社　二〇〇二年）
池上裕子『織豊政権と江戸幕府―日本の歴史15』（講談社　二〇〇二年）
石岡久夫『日本兵法史』（雄山閣　一九七二年）
石弘之・安田喜憲・湯浅赳男『環境と文明の世界史』（洋泉社歴史新書y　二〇〇一年）
岩堂憲人『世界銃砲史』（国書刊行会　一九九五年）
ウイリアム・H・マクニール『戦争の世界史』（高橋均訳　刀水書房　二〇〇二年）
羽皐隠史（高瀬羽皐）『名将武田信玄』（嵩山房　一九一三年）
漆原徹『中世軍忠状とその世界』（吉川弘文館　一九九八年）
岡谷繁実『名将言行録』（岩波文庫　一九四三年）
大阪城天守閣編『乱世からの手紙』（同天守閣　二〇一四年）
奥野高広『織田信長文書の研究』（吉川弘文館　一九六九年）
奥野高広『戦国大名』（塙書房　一九六〇年）
奥村正二『火縄銃から黒船まで』（岩波新書　一九七〇年）

勝海舟『氷川清話』（江藤淳・松浦玲編　講談社学術文庫　二〇〇〇年）
金子有鄰『日本の伝統馬術―馬上武芸篇』（日貿出版社　一九七五年）
川添昭二『北条時宗』（吉川弘文館　二〇〇一年）
久保田正志『日本の軍事革命』（錦正社　二〇〇八年）
桑田忠親ほか編『戦国合戦絵屏風集成』第一巻～第五巻・別巻（中央公論社　一九八八年）
黒田基樹『百姓から見た戦国大名』（ちくま新書　二〇〇六年）
黒田基樹『戦国関東の覇権戦争』（洋泉社歴史新書y　二〇一一年）
黒田基樹『戦国大名』（平凡社新書　二〇一四年）
高知県立歴史民俗資料館編『長宗我部元親・盛親の栄光と挫折』（同資料館　二〇〇一年）
小山弘健『図説　世界軍事技術史』（芳賀書店　一九七二年）
近藤好和『弓矢と刀剣』（吉川弘文館　一九九七年）
佐藤堅司『世界兵法史・西洋篇』（大東出版社　一九四二年）
佐藤堅司『日本武学史』（大東書館　一九四二年）
篠田耕一『武器と防具　中国編』（新紀元社　一九九二年）
末永雅雄『日本武器概説』（桑名文星堂　一九四三年）
鈴木眞哉『鉄砲と日本人』（洋泉社　一九九七年　後にちくま学芸文庫）
鈴木眞哉『刀と首取り』（平凡社新書　二〇〇〇年）
鈴木眞哉『謎とき日本合戦史』（講談社現代新書　二〇〇一年）
鈴木眞哉『戦国15大合戦の真相』（平凡社新書　二〇〇三年）
鈴木眞哉『鉄砲隊と騎馬軍団』（洋泉社歴史新書y　二〇〇三年）
鈴木眞哉『戦国時代の大誤解』（ＰＨＰ新書　二〇〇七年）

鈴木眞哉『戦国史の怪しい人たち』（平凡社新書　二〇〇八年）
鈴木眞哉『「戦闘報告書」が語る日本中世の戦場』（洋泉社　二〇一五年）
高瀬眞卿『水戸史談』（青史社　一九七四年　原著は一九〇五年刊）
高橋賢一『旗指物』（新人物往来社　一九九六年）
高橋典幸、山田邦明ほか著『日本軍事史』（吉川弘文館　二〇〇六年）
高柳光壽編『大日本戦史』（三教書院　一九四二年）
高柳光壽『戦国戦記　本能寺の変・山崎の戦』（春秋社　一九五八年）
高柳光壽『戦国戦記　三方原之戦』（春秋社　一九五八年）
田代政門『黒田三藩・島原の陣』（秋月郷土館　一九六八年）
田中義成『織田時代史』（講談社学術文庫　一九八〇年）
徳富蘇峰『近世日本国民史―織田氏時代』（講談社学術文庫　一九八〇～八一年）
徳富蘇峰『近世日本国民史―豊臣氏時代・朝鮮役』（民友社　一九三五年）
戸田敏夫『天草・島原の乱』（新人物往来社　一九八八年）
外山幹夫『中世の九州』（教育社　一九七九年）
永原慶二『戦国時代』（小学館　二〇〇〇年）
成瀬関次『戦ふ日本刀』（実業之日本社　一九四〇年）
名和弓雄『絵でみる時代考証百科―槍・鎧・具足編』（新人物往来社　一九八八年）
名和弓雄『時代劇を斬る』（河出書房新社　二〇〇一年）
西股総生『東国武将たちの戦国史』（河出書房新社　二〇一五年）
沼田鎌次『日本の名槍』（人物往来社　一九六四年）
藤井尚夫『中世の城と合戦』（朝日新聞出版　一九九五年）

藤岡大拙『山中鹿介紀行』（山陰中央新報社　一九八〇年）
藤本正行『逆転の日本史―戦国合戦　本当はこうだった』（洋泉社　一九九七年）
藤本正行『信長の戦国軍事学』（ＪＩＣＣ出版局　一九九三年　後に『信長の戦争』として講談社学術文庫）
藤本正行『武田信玄像の謎』（吉川弘文館　二〇〇六年）
藤本正行『本能寺の変』（洋泉社歴史新書ｙ　二〇一〇年）
マイケル・ハワード『ヨーロッパ史における戦争』（奥村房夫・奥村大作訳　中公文庫　二〇一〇年）
松田毅一、Ｅ・ヨリッセン『フロイスの日本覚書』（中公新書　一九八三年）
三田村鳶魚『大衆文芸評判記』（中央公論社　一九七六年）
山上八郎・山岸素夫『鎧と兜』（保育社　一九七五年）
山川菊栄『覚書・幕末の水戸藩』（岩波書店　一九七四年）
山田三川・小出昌洋編『想古録』（平凡社　一九九八年）
養老孟司・甲野善紀『古武術の発見』（光文社　一九九三年）
陸軍参謀本部編『日本戦史―関原役』（一八九三年）
陸軍参謀本部編『日本戦史―大阪役』（一八九七年）
陸軍参謀本部編『日本戦史―姉川役』（一九〇一年）
陸軍参謀本部編『日本戦史―長篠役』（一九〇三年）
陸軍参謀本部編『日本戦史―九州役』（一九一一年）
陸軍参謀本部編『日本戦史―朝鮮役』（一九二四年）
劉旭『中国古代火炮史』（上海人民出版社　一九八九年）
和歌山県立博物館編『戦国合戦図屏風の世界』（同博物館　一九九七年）

渡部景一『「梅津政景日記」読本』（無明舎出版　一九九二年）
B・S・ホール【ルネサンス期ヨーロッパの武器と戦争】（ボルチモア　一九九七年）
C・オーマン【中世の戦法】（ニューヨーク　一九六八年）
C・オーマン【十六世紀の戦法の歴史】（ニューヨーク　一九七九年）
D・オーギル【戦車】（ロンドン　一九七〇年）
D・ポープ【銃砲】（ロンドン　一九六五年）
F・L・テイラー【イタリア戦役の戦法】（ウェストポート　一九七三年）
H・デルブリュック【中世の戦争】（ロンドン　一九九〇年）
H・デルブリュック【近代戦の黎明】（ロンドン　一九九〇年）
J・エリス【騎兵】（バンクーバー　一九七八年）
J・キーガン【戦争の歴史】（ニューヨーク　一九九三年）
M・M・ボートナー三世編【南北戦争辞典】（ニューヨーク　一九九一年）
M・V・クレヴェルト【技術と戦争】（ニューヨーク　一九九一年）
R・E・デュピュイ、T・N・デュピュイ【軍事史百科事典】（ニューヨーク　一九七〇年）
T・ウイントリンガムほか【武器と戦術】（ミドルセックス　一九七三年）
T・ロップ【近代社会における戦争】（ロンドン　一九五九年）

論文など（配列は執筆者名の五十音順またはアルファベット順による）

熱田公「雑賀一揆と根来衆」（『中世社会と一向一揆』吉川弘文館　一九八五年）
伊藤政之助「戦国時代の陸戦史」（『歴史公論』一九三四年一〇月号）

井上一次「川中島の戦」（高柳光壽編『大日本戦史』第二巻　三教書院　一九四二年）
井上一次「三方ヶ原の戦」（高柳光壽編『大日本戦史』第三巻　三教書院　一九四二年）
伊波普猷「琉球に於ける武備の撤廃と拳法の発達」（『歴史公論』一九三三年一一月号）
上野晴朗「武田信玄の領国経営」（磯貝正義編『武田信玄のすべて』新人物往来社　一九七八年）
太田宏一「雑賀衆と鉄砲」（『和歌山地方史研究』第四二号　二〇〇二年）
金龍静「戦国期一向宗の地平」（『岩波講座・天皇と王権を考える　第四巻・宗教と権威』二〇〇二年）
久保田正志「騎馬の士の確保施策としての役馬改制度の実態」（「法政史論」第四二号　二〇一五年三月）
久保田正志「会津藩における騎馬の士の確保政策の推移」（「法政大学大学院紀要」第七六号　二〇一六年三月）
久保田正志「近世初期日本における騎馬武者の戦闘態様と存在意義」（『軍事史学』第五二巻第一号　二〇一六年六月）
黒田基樹「戦争史料からみる戦国大名の軍隊」（小林一岳・則竹雄一編『戦争Ⅰ　中世戦争論の現在』青木書店　二〇〇四年）
佐藤堅司「日本陸戦法史一鳥瞰」（『歴史公論』一九三四年一〇月号）
佐脇栄智「後北条氏の軍役」（『日本歴史』第三九三号　一九八一年二月）
下村效「長宗我部元親と一領具足」（高知県立歴史民俗資料館『四国の戦国群像―元親の時代』一九九四年）
太向義明「武田〝騎馬隊〟像の形成史を遡る」（『武田氏研究』第二一号　一九九九年九月）
高沢憲治「八王子千人同心」（『大江戸おもしろ役人役職読本』新人物往来社　一九九一年）

高瀬羽皐「長篠合戦の敗因」(『刀剣と歴史』第七一号　一九一六年四月)
高瀬羽皐「昔の軍旗のこと」(『刀剣と歴史』第一一五号　一九二〇年四月)
高瀬羽皐「侍大将と足軽大将」(『刀剣と歴史』第一二八号　一九二一年五月)
高瀬羽皐「五十騎一備のことなど」(『刀剣と歴史』第一三〇号　一九二一年七月)
高瀬羽皐「兵談―一番槍、一番首」(『刀剣と歴史』第一四九号　一九二三年二月)
田中恒夫「長篠の戦い―その虚と実」(『軍事史学』第一〇四号　一九九一年三月)
當眞嗣一「火矢について」(『南島考古』第一四号　一九九四年十二月)
所荘吉「砲術と兵学」(中山茂編『幕末の洋学』ミネルヴァ書房　一九八四年)
長屋隆幸「江戸前中期における土佐藩の陣立」(『織豊期研究』第五号　二〇〇三年十一月)
則竹雄一「戦国期足軽考」(佐藤和彦編『中世の内乱と社会』東京堂出版　二〇〇七年)
則竹雄一「戦国大名北条氏の軍隊構成と兵農分離」(木村茂光編『日本中世の権力と地域社会』吉川弘文館　二〇〇七年)
則竹雄一「戦国大名北条氏の着到状と軍隊構成」(「独協中学・高等学校研究紀要」第二三号　二〇〇九年)
則竹雄一「戦国大名武田氏の軍役定書・軍法と軍隊構成」(「独協中学・高等学校研究紀要」第二四号　二〇一〇年)
則竹雄一「戦国大名上杉氏の軍役帳・軍役覚と軍隊構成」(「独協中学・高等学校研究紀要」第二五号　二〇一一年)
平山優「最大五万の動員力を誇った最強軍団の実態」(『闘神　武田信玄』学習研究社　二〇〇六年)
平山優「武田氏の知行役と軍制」(平山優・丸島和洋編『戦国大名武田氏の権力と支配』岩田書院

二〇〇八年）
藤本正行「戦国期武装要語解―後北条氏の著到書出を中心に―」（中世東国史研究会編『中世東国史の研究』東京大学出版会　一九八八年）
本多昇「グスクとチャシ」（『週刊朝日百科　日本の歴史二〇』朝日新聞出版　二〇〇二年十月三日）
山田一郎「日清戦争における医療・衛生」（奥村房夫編『近代日本戦争史第1編―日清・日露戦争』同台経済懇話会　一九九五年）
C・J・ロジャース【百年戦争の時代】（M・キーン編【中世の戦争の歴史】オックスフォード　一九九九年）
M・マレット【傭兵】（M・キーン編【中世の戦争の歴史】オックスフォード　一九九九年）
R・R・パーマー「王朝戦争から国民戦争へ」（ピーター・パレット編『現代戦略思想の系譜』防衛大学校「戦争・戦略の変遷」研究会訳　ダイヤモンド社　一九八九年）

著者紹介
鈴木眞哉(すずき　まさや)
1936年横浜市生まれ。中央大学法学部法律学科卒業後、旧防衛庁、神奈川県庁などに勤務。在職中から歴史の研究を続ける。おもな著書に『戦国武将のゴシップ記事』『その時、歴史は動かなかった⁉』『戦国時代の計略大全』(以上、PHP新書)、『「まさか！」の戦国武将　人気・不人気の意外な真相』『戦国時代の大誤解』(以上、PHP文庫)、『鉄砲と日本人』(ちくま学芸文庫)、『「戦闘報告書」が語る日本中世の戦場』(洋泉社)、『天下人史観を疑う』(洋泉社・新書y)、『戦国軍事史への挑戦』『戦国「常識・非常識」大論争！』『NHK歴史番組を斬る！』(以上、洋泉社・歴史新書y)、『刀と首取り』『戦国15大合戦の真相』『〈負け組〉の戦国史』『戦国史の怪しい人たち』(以上、平凡新書)、共著に『新版偽書「武功夜話」の研究』『新版　信長は謀略で殺されたのか』(以上、洋泉社・歴史新書y)などがある。

本書は、2010年6月に洋泉社から刊行された『戦国軍事史への挑戦』を改題し、加筆・修正したものです。

PHP文庫　戦国合戦のリアル

2021年10月19日　第1版第1刷

著　者　鈴木眞哉
発行者　永田貴之
発行所　株式会社PHP研究所
東京本部　〒135-8137 江東区豊洲5-6-52
PHP文庫出版部　☎03-3520-9617(編集)
普及部　☎03-3520-9630(販売)
京都本部　〒601-8411 京都市南区西九条北ノ内町11
PHP INTERFACE　https://www.php.co.jp/
組　版　有限会社エヴリ・シンク
印刷所　株式会社光邦
製本所　東京美術紙工協業組合

ISBN978-4-569-90165-7

PHP文庫

「まさか!」の戦国武将　人気・不人気の意外な真相

鈴木眞哉　著

織田信長は実は人気がなかった⁉　武将イメージの通説は江戸時代以降に作られたものが多い。名将たちの意外な評価を解き明かす1冊!